ペストの歴史

宮崎揚弘

Miyazaki Akihiro

山川出版社

ペストの歴史

目次

序　章　ペストとは何か　3
ペストという病／症状と死亡率／ペストの特性／世界的流行／ペストの予防と治療方法

第一章　中世初期のペスト　12
その起源／ユスティニアヌスの大疫／首都での流行／その後のペストの流行

第二章　黒死病の侵攻　24
黒死病とは何か／黒死病の原発地／ヨーロッパへの侵入／ほかの地中海域へ／イタリアへ／フランスへ／フランドルとスイスへ／イベリア半島へ／ブリテン諸島とオランダへ／オーストリアとドイツへ／スカンディナヴィア諸国へ／東ヨーロッパとロシアへ／流行の結末

第三章　中世人の反応　70
人びとの反応／ユダヤ人への迫害／ストラスブールの悲劇／その後の迫害／鞭打ち苦行団

第四章　黒死病の原因論　84

黒死病の症状／神罰説と占星術的原因説／大気腐敗説、異常気象説、大異変説／毒物投入説と微生物説

第五章　黒死病による人口減少　95

ヨーロッパ全体／イタリア／フランス／イベリア半島／ブリテン諸島／オーストリアとドイツ／スカンディナヴィア諸国／東ヨーロッパとロシア

第六章　黒死病の遺産　113

人の感性が生み出す変化／文芸上の変化／信仰の昂揚／農村と都市の変化／領主の没落／制度の新設／危機の管理／黒死病以後の流行

第七章　近世ペストの特色　137

流行の集中激化と衰退／戦争と飢饉

第八章　トゥルーズの大流行　一六二八〜三一年　144

ペストの侵入／全市への波及／流行の拡大／ペストの再発、再々発／最後の流行／流行の終息

第九章　ロンドンの大流行　一六六五〜六六年　162
十七世紀のロンドン／流行の始まり／ペストへの対応／流行の拡大／流行の終息

第十章　マルセイユの大流行　一七二〇〜二二年　178
一七二〇年のマルセイユ／ペストの侵入／流行の拡大／流行の後退

第十一章　ペストの克服　190
公衆衛生の充実／社会的措置の充実／行政当局の勝利

終　章　現代に生きるペスト　199
現代ペストの世界分布／文学／絵画／演劇・映画・音楽／ペストの記憶

あとがき　213

索引／ペスト関連年表／主要参考文献／註／図版出典一覧

ペスト関連地図

ペストの歴史

序章　ペストとは何か

ペストという病

それは恐ろしい病気だと知られているが、日本人に具体的な知識はない。それがたんに死をもたらす急性伝染病だと観念的に知られているにすぎない。なぜであろうか。それはペストが日本固有の病ではないからである。ペストは一八九九(明治三十二)年はじめて神戸へ上陸し、関西を中心に流行した。それ以来、上陸しては何度も流行したものの、幸いなことに、大事に至らずすんでいた。ペスト全体の犠牲者が外国に比較して二四二〇人と少数で、社会に与えた影響が小さかったことも、人に与える印象を薄くしたといえよう。日本では、ペストの流行は、戦前からどうしても対岸の火事〈中国本土や満州〈現中国東北部〉の変事〉と考えられがちであった。

しかし、ペストはユーラシア大陸とアメリカ大陸では人びとに深刻な打撃を与え、恐れられてきた。本書の扱うヨーロッパ世界はペストにより長期にわたって蹂躙《じゅうりん》され、打撃も大きかったので、流行の様相、

図1　ペスト菌の発見者イェルサン

恐怖、犠牲、対策、影響などが人に深い印象を与え、身近な存在として意識されている。

では、ペストとはどのような病なのか。病原体はペスト菌である。一八九四年、香港のペスト流行に際して、日本の北里柴三郎《きたさとしばさぶろう》とフランスのアレクサンドル・イェルサンが別々に発見、発表した。しかし、第一発見者の栄誉は雑菌を分離して発表したイェルサンのものになった。

ペスト菌は本来リスやネズミなど齧歯類《げっしるい》の体内にあってペストを発症させる感染源であるが、それが人間の近くに住むクマネズミ、ドブネズミなどに広まり、ヒトに感染させるものとみられる。ネズミからヒトへの感染メカニズムは一八九八年インドのボンベイ（現ムンバイ）でフランスのポル＝ルイ・シモンが発見したように、ノミを媒介とする。ノミは感染したネズミの血液を吸う。その血液がすでにペスト菌を含んでいる。したがって、そのノミはペストに感染し、体内でペスト菌を増殖させる。そしてさらに、そのノミがヒトを刺咬《しこう》すると、傷口からペスト菌がヒトの血液中に注入され、ヒトを感染させることになる。ヒトからヒトへは空気（飛沫）感染である。それはヒトが話をしたり咳をしたりして発する噴霧状のつばによって伝えられる。噴霧状のつばは会話で約二メートル、咳やくしゃみで三～四メートル届く。ペスト菌を含んだ噴霧状のそれは鼻、口、肺の粘膜を通して体内へ浸透し、感染させるのである。

症状と死亡率

ペストは症状により、通常三種類に分けて考えることができる。

腺ペストはごく一般的な型である。ペスト菌が体内へ入って二〜六日の潜伏期間ののち発症する。それは突然、悪寒または戦慄をともなって発熱することになる。中世から十九世紀までは、嘔吐とときには下痢も指摘された。頭痛、めまい、虚脱、精神錯乱をともなう。やがて、二日目か三日目に、ノミに刺咬された付近のリンパ節や鼠径部《そけいぶ》、下腿部《かたいぶ》のリンパ節などが大きく腫れ、炎症を起こし、激しく痛む。それを横根《よこね》とか腫脹《しゅちょう》という。三日目頃から、全身の皮膚に出血性の紫斑や小さな膿疱《のうほう》があらわれる。その頃が生死いずれかの転機になる。重症例だと敗血症へ移行する。その場合には、横根も見られず、せいぜい出血が見られるだけで死亡する。

肺ペストは腺ペストの発症中に菌血症から肺炎を併発してなるペスト。皮膚の紫斑やリンパ節の腫れは見られないか、あっても軽微である。その代わり、血痰《けったん》や喀血《かっけつ》などの症状が加わる。呼吸困難が生じ、やがて息をするにも座りこまねばならない。患者は咳を頻繁にして痰を吐き、最後はチアノーゼがあらわれた仮死状態になる。

敗血症性ペストはいわば電撃的に発症する。四〇度以上の熱を出し、たちまち無気力状態に陥る。発症後、数時間から一日で死亡する。それは腺ペストの悪化によるもので、血液の循環機能の低下を起こす。

その死亡率を語るのは気が重い。抗生物質の存在しなかった時代、ペストで死亡する人は多かったが、時系列的で確実な史料は少なく、正確な数値がわからないからである。一般に、死亡は発症後三〜五日が多いように思われる。患者の死亡に際しては、置かれた環境、季節、社会状況、衛生状態、健康状態、年齢、体力、加えてペスト菌の毒性の強弱などが複雑に関連している。そのために、死亡率は一定していない。一般に、病態からみると、腺ペストによる死亡率は比較的低く、肺ペストによるそれは高く、敗血症性ペストのそれはほぼ一〇〇%であった、とされている。

ペストの特性

ペストを発症させるペスト菌は置かれた環境によっては長時間生き続ける。たとえば、アメリカのチャールズ・T・グレッグによると、患者が咳をしてつばきや痰が飛び散り、それらが衣類や寝具に付着したとする。やがて時間が経過すると、水分は蒸発するが、ペスト菌は残留して五カ月以上生き続けるのである。患者の使用した衣類や寝具がもしそのまま片付けられ、部屋の隅や箱の中に入れられれば、保温性のある場所であるから、東ヨーロッパの酷寒でも楽に過ごすことができる。翌春、家族がそれらを使用し始めたとする。結果は想像の通りである。知らずに、衣類にほおずりをして鼻腔《びくう》にペスト菌を付着させたり、寝具に付着したそれを吸い込んだりすれば、発症することになろう。そうしたメカニズムは現代医学が解明したものだが、中世・近世の人びとは使い古しの衣類や寝具の恐ろしさを経験的に知っていた。だから、流行が終息し、遺留品の処分という段になると、焼却を心がけたし、近世になると、流行のたびに都市条令で古着や装身具の売買を厳しく取り締まったのであった。

さらに、ペスト菌は湿った地中にある死体のような組織のなかでは、七カ月以上も生き続け、冷凍した動物の組織からは七年後にもなお毒性のある菌を取り出せたのである。人は大量死が生じると、遺体の埋葬に追われ、どうしても墓穴は浅くなる。遺体を何層にもかさねて埋葬する場合なら、上層の遺体はなおさら浅くなる。そこへ多量の雨が降り、雨水がしみ込み、ペスト菌が地表へしみだせばどうなるか。それまた結果は想像の通りである。ペスト菌を含んだ雨水が井戸や水源地に流入すれば、ペスト菌は再び人の日常生活へ一気に侵入することになる。したがって、近世の人は経験的に墓地の危険を知り、十八世紀には市外へ積極的に移転させたのであった。

ペスト菌のさらなる特性は比較的熱に弱いことにある。それはせいぜいのところ、摂氏マイナス二度からプラス四五度程度のあいだしか生存できない。温帯に適した病原体であり増殖の最適温は二六度である。その適性のために、中世の黒死病流行期に、スカンディナヴィア半島北部とフィンランドがペストに蹂躙されなかったのも、アフリカのサハラ砂漠より南の地方が直接には侵入を受けなかったのも説明がつこうというものである。さらに、それ以上に納得できるのはペストの流行が春から秋にかけて隆盛を極め、寒い冬を迎えると、鈍化するか、消滅することにある。

最後に、ペスト菌は一定期間の免疫をもたらすことにある。それは患者が治癒したあと得られるもので、黒死病期から経験的に理解された。しかし、まだ断定的な言説をするには慎重にならざるをえない。フランスのジャン＝ノエル・ビラバンは免疫の期間を個人によって数カ月から数年に及ぶとしているが、九年とも指摘していて矛盾している。もし免疫の期間が約九年であるとするなら、歴史的にはペストの流行は一〇年に一度であるとする俗説を裏づけることになろう。たとえば、中世初期のペスト流行はユスティニアヌスの大疫《たいえき》が五四一年、以下五五八年、五七〇年、五八〇年、五八八年、六〇〇年、六〇八年、六一八年、六二八年、六四〇年、六五四年、六八四年、六九四年、七一八年、七四〇年、七六七年である。ある共同体でペストが流行し、一年で終息したとする。ペストに罹患《りかん》した者のなかから治癒して免疫を得た者が人口の数十％も占めたとする。すると、ペストはそのような共同体では流行しにくいのだ。やがて、それも九年経過すると、その共同体の成員には免疫者がいなくなる。そうなると、一〇年目以降には、いつペスト菌が侵入しても流行を生じさせることができるのである。あるときのペスト菌は一〇年目に、あるときは一二年目に侵入して流行することになるのだ。仮説の域をでない指摘だが、注目しておこう。

世界的流行

さて、そのペスト菌によって生じる病、ペストには、世界的流行が今日まで三回あった。古い順にあげると、第一次流行は五四一年に始まり、七六七年まで断続的に繰り返された流行であった。ノルウェーのオーレ・ヨルゲン・ベネディクトヴによると、原発地はエチオピアの南、すなわち白ナイル川の源流地域、現在のウガンダ、ケニアそしてタンザニアかアラビア半島と考えられる。流行は地中海沿岸地方、ヨーロッパ内陸部、ブリテン諸島にまで広まった。ビザンツ皇帝ユスティニアヌス大帝の時代に生じたユスティニアヌスの大疫に代表される腺ペストの流行である。現在の研究状況ではペスト流行の移動をたどることは困難であるが、東西ローマ帝国を荒廃させたことは明らかである。

第二次流行は一三四〇年代から一八四〇年代までである。それはヨーロッパと北アフリカで約五〇〇年間流行した。原発地については諸説あり、中国(J・F・C・ヘッカー、ウィリアム・H・マクニール)、ヒマラヤ山脈の肩、雲南《うんなん》地方(マクニール)、北イラク(ジョン・ノリス)、南ロシア(ベネディクトヴ)など入り乱れているが、有力なのは中央アジア(R・ポリッツァー、ロバート・S・ゴットフリート、ビラバン、モニク・リュスネ)説であろう。

最初にヨーロッパ人がペストに遭遇したのは一三四七年、南ロシアのクリミア半島にあるジェノヴァ人居留地カッファ(現フェオドシア)でのことであった。当時そこを支配していたジェノヴァ人はそうとは知らずにペストをヨーロッパへ持ち帰った。それ以来ペストは黒死病として腺ペスト以下三種類の病態を示して流行し、五~六年で大荒廃をもたらした。さらに、ペスト菌はヨーロッパ世界に常在化し、十九世紀まで居座ることになった。しかし、実際には十八世紀に、それは西ヨーロッパで消滅し、その後はバルカン半島やロシアといった周辺部にのみ残ったのであった。

第三次流行は一八六〇年代から一九五〇年代までである。原発地は中国の雲南省で、最初のペストの報告は一八六六年であった。それ以来、ペストは人口密度の低さと交通手段の貧弱さのために緩慢な移動をして、一八九〇年代にやっと香港に到着した。そこから、ペストは船で一八九六年インドのボンベイへ侵入し、爆発的な流行をすることになった。その結果、一九三〇年までに、一二〇〇万人のインド人がペストで死亡した。それはさらに、インドから、船でアフリカ、マダガスカル島へ、オーストラリア、ハワイ諸島、アメリカ西海岸へ拡散した。他方、それは中国本土から陸路満州、ベトナム、ビルマ(現ミャンマー)へ、腺ペストのほかに肺ペストとなって、拡散した。こうして一時は、ヨーロッパを除く世界的流行の観を呈したが、世界保健機関(WHO)はその流行を一応一九五〇年代に終息したと宣言し、今日に至っている。

その後、ペストは天然痘のように消滅したのであろうか。そうではない。今日でも、アジア、アフリカ、アメリカ大陸では、ペスト菌に汚染され、患者の発生が報告されている国は少なくない。それはなぜか。齧歯類が巣作りに適した環境に恵まれさえすれば、ペスト菌を保有したままどこでもチャンスをつかんで増加することができるからである。しかも増加の結果共生できなくなると、彼らは移動を余儀なくされ、新しい居住域を築くことになる。かくて、ペスト菌の汚染地域や国は減少するどころか、拡大するのである。研究者の記憶にまだ新しい二十世紀末のペスト流行例をひとつ紹介しよう。

それは一九九四年九月、インドのグジャラート州スーラト市(人口約二八〇万)で発生したそれである。そこでは、州政府が発表を出し渋った。うわさが市内に広まり、パニックが発生。住民が大脱出を企てた。自動車、鉄道を利用した逃避行である。その数三〇万人とも五〇万人ともいわれる。脱出者が行った先々で発病、二次感染も発生した。結局、中央・地方両政府当局の努力により、患者八七六人、死者五四人までで流行の拡大阻止に成功した。しかし、一時は世界の耳目を集める大事件であった。ペストの取扱いを誤ると、今日でも大事に至りかねないことを証明した。

ペストの予防と治療方法

かつては予防方法として、後章で明らかにするように、さまざまな方策がとられたが、現在の医学の観点からみると、効果的なものは少ない。わずかに、身近な経験則として中世、ルネサンスの人びとに知られ利用されたものには、特定の動物やその皮革を身近に置くことがある。それはその臭いをきらうのか、ノミの寄りつかない馬、牛、山羊、ラクダ……である。そのほかには、感染を疑える衣類や家具の焼却、衣類や食器の煮沸、傷口などの焼灼《しょうしゃく》などが考えられる。

それに対し、治療方法としてこれまた考えられた方策にさまざまなものがあるが、現在の医学の観点からみると、効果的なものはなく、自然治癒に頼らざるをえなかった。

しかし、現在は大幅に改善されている。感染の初期であれば、ストレプトマイシンの筋肉注射とか、あるいは抗生物質の投与である。たとえば、テトラサイクリン、クロラムフェニコール、レゴプロキサシンといった抗生物質の内服が有効である。それらによる治癒率は非常に高く、初期であるならば助かる確率は九〇%くらいとみられている。したがって、ペストは今日それほど恐ろしい病気とはいえない。しかし、それら抗生物質の薬剤に対し耐性をもつペスト菌が登場しつつあり、今後その存在にも十分注意を払わねばならないであろう。

第一章　中世初期のペスト

その起源

ヨーロッパ世界における最古のペスト流行をいつの時代に求めるべきであろうか。イギリスのJ・F・D・シュルーズベリ、グレッグなど一部の研究者は旧約聖書のサムエル記第一の第五章、第六章に記された悪疫を最古とする。それは紀元前十一世紀頃のことであった。

さらに主の手はアシュドデの人たちの上に重くのしかかり、アシュドデとその地域の人々とを腫物《はれもの》で打って脅かした。……

それがガテに移されて後、主の手はこの町に下り、非常な大恐慌を引き起こし、この町の人々を、上の者も下の者もみな打ったので、彼らに腫物ができた。……

死ななかった者も腫物で打たれ、町の叫び声は天にまで上った。……

人々は言った。「私たちのする償いとは何ですか。」彼らは言った。「ペリシテ人の領主の数によって、五つの金の腫物、すなわち五つの金のねずみです。あなたがたみなと、あなたがたの領主へのわざわいは同じであったからです。

あなたがたの腫物の像、すなわちこの地を荒らしたねずみの像を作り、イスラエルの神に栄光を帰するなら、たぶん、あなたがたと、あなたがたの神々と、この国とに下される神の手は、軽くなるでしょう。[1]

しかし、それらの記述だけから、腺ペストの流行と断定するには抽象的すぎて慎重にならざるをえない。そのため、今日多くの研究者、たとえばマクニール、ゴットフリート、ビラバンらはサムエル記の悪疫をペスト流行とはみていないのである。

それならば、ペストの起源をいつに求めるべきであろうか。フランスのマルセル・サンドライユやビラバンによると、それは小アジアのエフェソス出身でアレクサンドリアで活躍したルフォスという医師の指摘する悪疫にある。それについてはペルガモン出身でユリアヌス帝の侍医であったオレイバシオス『医学概論』第四四篇第一七章にルフォスから直接引用され説明されている。

伝染性リンパ節腫《しゅ》が観察されるのはとくにリビア、エジプトそしてシリアである。……その流行病は高い熱、激しい痛み、全身の倦怠、精神錯乱そして大きくて硬い腫物をともなう。しかも、腫物はところきらわず、どこへでも、腿《もも》、腕にさえ化膿しないででてきたものである。[2]

それは紀元前三世紀末頃登場した流行病だが、腺ペストの特性を備えているため、起源とされるのであろう。なお、かつてはギリシアの歴史家トゥキュディデスの記した紀元前四三〇年の「アテネの疫病」もペストとされたが、それは今日では否定されている。アメリカのハンス・ジンサーはそれを発疹チフスの流行と、サンドライユはデング熱と、シュルーズベリは麻疹《はしか》(ましん)とみている。

こうした局地的流行、エンデミクのあとに、六世紀、桁違いの大流行、パンデミクが登場した。それが後世の人びとから皇帝の名を付けて呼ばれることになるペストのそれである。

ユスティニアヌスの大疫

それは五四一年、エジプトのペルジウムに始まった。原発地はエチオピアとされる。その場合のエチオピアとは漠然としたアフリカ奥地やアラビア半島あたりであって、今日のエチオピアを必ずしも指すものではない。ペルジウムは地中海に面した海港で、陸路は街道によりパレスティナのガザ、シドン方面、他方はアレクサンドリア方面、さらに内陸のメンフィス方面と結ばれた交通の要衝であった。ペストはそこから二手に分かれて進む。ひとつは同じエジプトのアレクサンドリアへ向かい、そこからエジプト全土へ拡大していった。もうひとつはパレスティナへ入り、さらにシリア、アンティオキア、コンスタンティノープル(正式には紀元三三〇年以来ビザンティウムから呼称が変更された)に及んだ。ペストは五四二年春、アレクサンドリアから海路により侵入した。

当時のコンスタンティノープルは東ローマ帝国の首都。帝国の版図《はんと》はなお広大で、ヨーロッパ地域では今日のギリシア、ブルガリア、セルビアなどを含む地方、アジア地域ではトルコ、シリア、パレスティナなどを含む地方、アフリカ地域ではエジプト、リビアの一部などを含む地方からなっていた。要するに北の国境はドナウ川なら、東はユーフラテス川上流、南はナイル川下流の地方までを版図としていたのである。

皇帝はユスティニアヌス一世であった。彼は叔父ユスティヌスにより共同皇帝に推挙されたのち、叔父が没すると、単独で皇帝の地位を維持した。彼の精力的な働き振りには定評があり、生涯の業績がそれを物語っている。信仰心も篤く、神学上の諸問題にも関心を示した。しかし、彼らしい特色はローマ精神の崇拝にあり、目指した情熱の鉾先はローマ帝国の再興にあった。

彼は即位五年目、五三二年、首都に生じたニカの反乱を鎮圧すると、同年ペルシアと和平を結び、旧ローマ帝国領の再征服に乗り出した。それは東部方面で余裕のでた兵力を西方へ動員し、将軍ベリサリウスやナルセスらを使って蛮族たちが奪った属州を取り戻すことにあった。五三三年、彼はヴァンダル王国の内紛に乗じて戦端を開き、北アフリカ全土を、五三五年、シチリア島とダルマツィアを占領し、五三五〜五四〇年には、イタリア本土を攻略し、五五二年、イベリア半島南部を奪取した。こうして、東ローマ帝国の版図は拡大し、一時は旧ローマ帝国の再現がなったかのようにみえた。

しかもその間、彼はローマ法の集大成を目的に法制事業に乗り出した。後年ローマ法大全と総称される法書類で、五二九年の『ユスティニアヌス法典』(ローマ法の体系化と集成)、五三三年の『ローマ法学説類集』(法学者の見解の収集と要約)、および『法学提要』(学生用のハンドブック)、それに五四三年の『改訂ユスティニアヌス法典』である。さらに、五三五年、行政・徴税制度を改革した。

かくして、東ローマ帝国は各地の反乱や宮廷内の陰謀に苦しみながらも、一定の威信を取り戻して繁栄した。コンスタンティノープルは政治・経済・文化の中心地として、人と物資の往来も激しく、ヨーロッパきっての大都市に成長し、人口では推定で三〇万、一説では一〇〇万を擁した。ペストはまさにその頃そこへあらわれたのであった。人はのちにこの流行を「ユスティニアヌスの大疫」と呼ぶことになる。

首都での流行

そのときのペストの流行について、偶然居合わせて目撃したベリサリウス将軍の秘書で歴史家プロコピオスは自著『戦史』(『ペルシア戦役史』)のなかで次のように記している。

ある場合にはその日のうちに、またある場合には翌日、その他の場合でも数日とたたないうちに、リンパ腺に腫物ができた。これは鼠径《そけいぶ》部と呼ばれる部位、つまり腹の下だけでなく、腋の下、耳の脇、股のさまざまな部位に生じることもあった。[3]

死はある場合すぐに訪れたし、ほかの場合には数日後に訪れた。ある者の身体には、レンズ豆くらいの大きさの黒い膿疱《のうほう》がでた。これがでると、一日とさえもたなかった。ともかく、皆がすぐ死んだ。多くの者には、喀血《かっけつ》が明らかな原因もないのに生じ、すぐ死んだ。[4]

腫物がひどく大きくなり、膿《うみ》の流出が始まった場合、患者が病気を免れ、生き残ることがあった。このような急激な腫物の病変は一般に回復の兆しとなった。[5]

これら三つの記述から素人の目にもペストの症状が眼前に彷彿としてくる。それらをマクニールとサンドライユは腺ペストと断定している。

ペストは市内に侵入すると、どのように流行したであろうか。再びプロコピオスの証言に耳を傾けよう。

さて、コンスタンティノープルにおける病気の流行は四カ月かかった。その最大の毒性はほぼ三カ月続いた。最初、死者の数は通常とほとんど同じであったが、やがて死亡率はずっと高くなり、その後死者の数は毎日五〇〇〇人に達し、さらにそれは一万人やそれ以上にさえもなった。さて、はじめの頃、人はそれぞれ自分の家の死者の埋葬に立ち会っていた。ところが、人は死者をこっそりとか、強引に他人の墓へ投げ込みさえするようになった。[6]

つまり、死者は日々増加し、おびただしい数であったのだ。ただそこにでてくる五〇〇〇人とか一万人という数には特別の意味はないと解すべきであろう。古代や中世の人びとがもつ数概念は曖昧《あいまい》で漠然としている。著述家は自分で数えてもいないのに、気軽に大きな数を持ち出す。われわれはそれらの数を「多数」というほどの意味の形容詞と受け止めておくべきであろう。

加えて、あまりに多数の死者がでたため、従来の埋葬方法では間に合わなくなったありさまも指摘されている。死に対する感性が鈍化し、死者を悼む気持ちが変化し、遺体を遺棄するかのように処理していて、慌ただしい感じを受ける。プロコピオスの証言をさらに聞いてみよう。

以前あったすべての墓が死体でいっぱいになったとき、市の周辺の場所を次々と掘り、各自ができるだけ死体をそこへ横たえ、立ち去った。しかし、のちにはこれらの穴を掘った場所では、死者の数に応じることができなくて、シカエにある要塞の塔に登り、屋根を破り、死体をそこへ手当り次第に投げ込んだ。人びとは死体を崩れ落ちんばかりに積み上げ、実際に塔という塔をことごとく死体でいっぱいにし、そこから、また塔の屋根を葺きなおした。その結果、悪臭が市をおおい、とくに塔のある方向から風の強く吹くときには、住民をなおさら悩ませた。[7]

また、市内の他の場所についても、

　当時、一切の慣例的な葬式はおこなわれなくなった。というのも、死者はいつものやり方の葬式に見送られて運ばれないし、詠唱《えいしょう》もされなくて、市の海に隣接した場所に死者のひとりをかついで行き、投げ落とせば十分であったからだ。そこでは、死体は小型ボートの上に積み上げられ、風まかせでどこへでも運ばれることになろう。[8]

と述べている。つまり、いよいよ死体の処分に困り、要塞内やボートによる海上投棄が試みられた。そのように事態が急迫すれば、葬式が見送られるのは当然であろう。コンスタンティノープルでは、一時的に都市機能が麻痺してしまう。市民は家に閉じこもり、経済活動も行政活動も事実上停止してしまった。まだ、災害に際して、帝国がなすべき保護対策すら確定はしていなかったと思われるので、危機管理の観念すらなく、自然の成行きのままに放置されていた。再びプロコピオスの証言に耳を傾けよう。

　その間、コンスタンティノープルの街頭でだれか人を見つけるのは容易なことではないように思えた。幸運にも健康だった人は皆自分の家にじっとしていて、病人の世話をしたり、死者を嘆き悲しんだりしていた。外出中の人に会うことができるとしても、その人は死者を運搬中であった。[9]

　あらゆる種類の仕事が中断した。一切の手工業が職人に放棄された。各人が取りかかっていたほかの一切の仕事も同様であった。実際、あらゆる良い物が豊富にある都市だというのに、飢えはほとんど確実に広がっていた。確かに、パンやその他の食物を十分に手に入れることは困難なことに思えた。[10]かくして、一時は飢えも広がり危機的状況を迎えたが、やがてペストの流行はピークを過ぎ、市内からほかへと移っていった。コンスタンティノープルの五四二年における人命の損失は人口の二〇%と推定された。

そこで、ユスティニアヌス大帝は五四四年三月二十三日、ペスト流行の終息を宣言し、物価の値下げを命じる。行政当局は当事者能力を取り戻したのである。そうなると生き残った人びとはホッとする。精神的な重圧から解放される。家族や友人を失った悲しみ、いつ自分の身にふりかかるかという不安、それらはいずれも重圧となったのだった。それから解放されると、本人はたちまち好き勝手な行動に走り出す。プロコピオスはこう続ける。

病気から救われ、呪いが他の人びとにかかって自分たちがすでに安全だと思うや、そのときには、人びとはたちまち変節し、これまで以上にあらゆる種類の悪事と違法行為に、いつにない手並みをみせるのであった。[11]

人間の精神的に弱い部分が十分指摘されているように思われる。

その後のペストの流行

ペストはコンスタンティノープルを襲った五四二年には、北アフリカ、シチリア島、イェルサレムと後背地、小アジアを浸潤《しんじゅん》し、五四三年には、イタリア、バルカン半島西部、スペイン、フランス南部に侵出し、五四四年には、ローマ、アイルランドに達し、以後数年の間隔をあけて五四七年には、ウェールズ、五四九年にはイングランドに及んだ。プロコピオスにいわせると、「その広がり方、伝染の仕方は徹底的で、住民が住んでいれば島も洞穴も屋根にも、ペストは流行した。しかも、この病気はいつも海岸から始まって、そこから内陸に達した[12]」。

要するに、ペスト菌はヒトや物資に付着して港から上陸したのだ。そこからは、通商ルートにそって移動したが、荷の積替地でとまっている。先へ行けば行くほど、人口が希薄で荷動きが少なかったからであろう。にもかかわらず、それ以後も、ペストは繰り返し侵攻してきた。ビラバンによると、大規模なペストの流行は一一回に及んだという。最初の大流行は先に指摘したコンスタンティノープルの大惨事だが、二回目のそれは五五八〜五六一年であった。それはコンスタンティノープルを基点にラヴェンナ、ジェノヴァを経由してイタリアへ入ったものと思われる。その後程なくして五六八年、ヴェネツィアに近いフリウーリからランゴバルド人がイタリアへ移動したが、彼らは行く手に人影を見ることはなかった。三回目のそれは五七〇年にジェノヴァとマルセイユから入り、イタリアとガリアの東半分に打撃を与えたものと思われるが、四回目と五回目のそれが注目に値する。それらは五八〇年から五八二年までと五八八年から五九一年に及ぶ流行であった。それらはガリアを中心にスペイン、イタリアにまたがる流行であった。その状況をマルセイユの場合について、トゥールのグレゴリウスが書いた『歴史十巻』の記述からみてみよう。五八八年の項には、

さて、われわれは先に、マルセーユの町がはなはだしい悪疫におそわれたと述べたが、それがいか

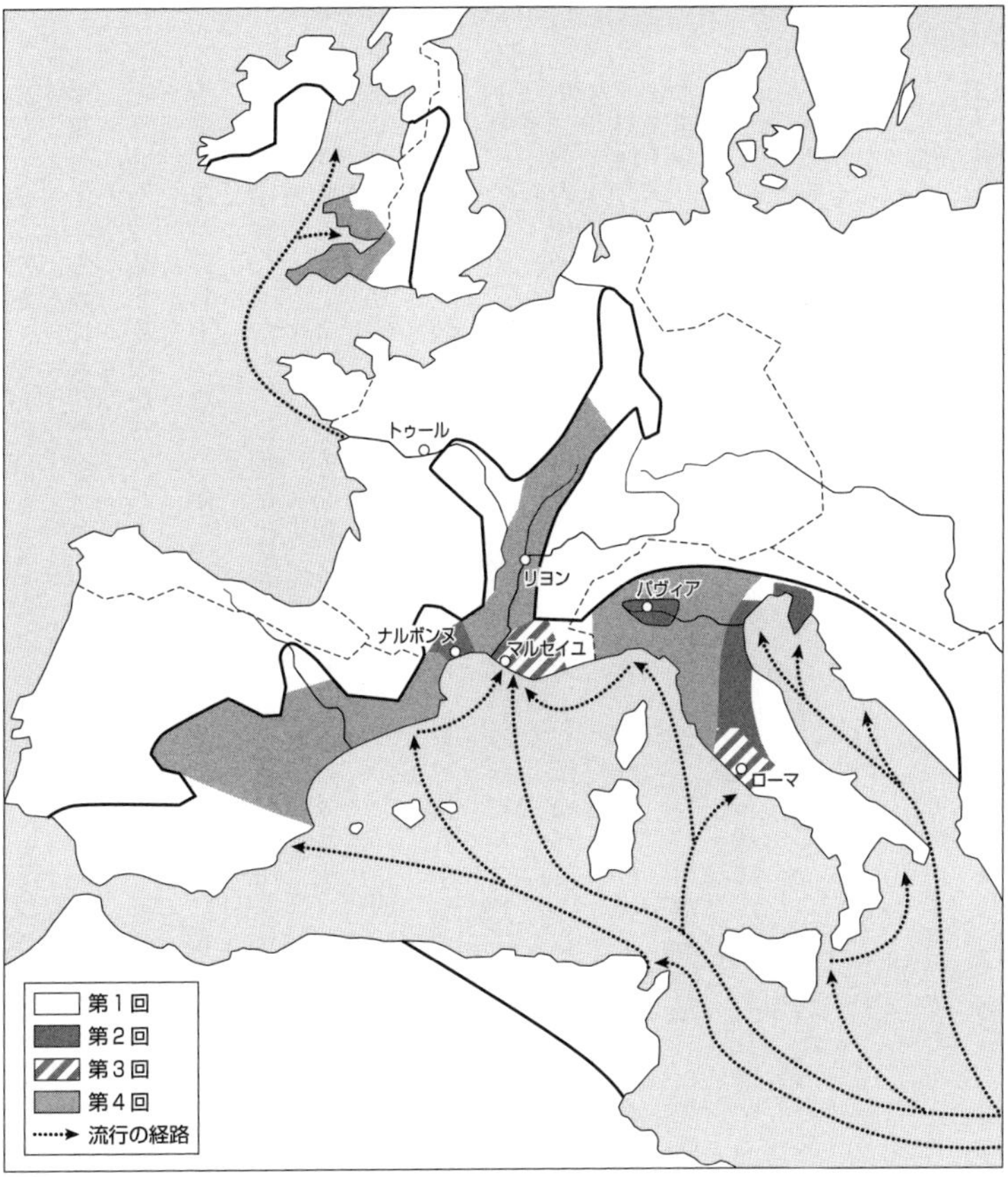

図2　6世紀のペストの流行

にひどかったか、さらに詳しく物語ろうと思う。……スペインから一隻の船がいつもの商品をつんでマルセーユの港に入ったが、この船が不幸にもこの病気の種を運んできた。この船から多くの市民がいろいろの品を買ったが、八人の人間が住んでいた一軒の家は、すぐにこの病のため住人が殺されて空家になってしまった。しかしこの悪疫の火は、直ちにすべての家にひろまりはしなかった。しばらくの間中断してから、作物畑に火がついたように、町全体を病の火でもやした[13]。

とある。かくして、スペインから侵入したペストはマルセイユで爆発的な流行をみることになるが、やがてそれは天然痘の流行と結びつき、手の施しようがない状態になる。そのような混乱ののち、ローマでは、五九〇年二月八日、教皇ペラギウス二世がペストで死亡する。それと同じ六世紀末、推定では五九三〜五九四年頃、ペストについて証言した教会史家がいる。エウアグリオスである。彼はペストにより妻子を失ったが、その経験からペストの多様性を次のように述べている。

私は今世紀の五二年目に突然襲ってきて、強烈な症状で全地表に蔓延《まんえん》した病気について説明しようと思う。それは以前についぞ伝えられたことがなかったものだ。なぜなら、アンティオキア市がペルシア人に占拠されて二年後、ある疫病が腰を落ち着けたが、それはいくつかの点でトゥキュディデスの語る疫病と似た点があるが、他の点では非常に異なっていたからである。それはエチオピアから始まったといわれたし、依然として今もそういわれている。……

災難はさまざまな症状からなっていた。なぜなら、ある人の場合、それは頭から始まり、目が充血し、顔がむくむ。それはノドに降りてきて、病人を殺した。ある人の場合には、嘔吐が生じた。ある人の場合、横根《よこね》が腫れるが、その後高い熱がでる。二日目か三日目に、ある人は正常な人と同じように、頭脳と身体を損なわずして死亡した。ある人は気が狂ったようになって死んだ。実際、腫物があらわれ、人をあの世へ送った。[14]

その後も七、八世紀には、コンスタンティノープル、ローマ、マルセイユ、カルタゴなど地中海沿岸の港湾都市がペストに襲われる。しかし、それはしだいに流行の勢いを失い、七六七年、ナポリと南イタリアに侵入したのを最後に忽然と消えうせる。そのため、時間が経過するにつれ、人びとの記憶のなかから、ペストという病は薄れ、忘れ去られることになる。かくして、中世初期に発生したペストはいったん終息したのである。

ところで、東ローマ帝国はその時代、すでに内部に深刻な問題をかかえていた。それはたびかさなる戦争がもたらした財政の逼迫《ひっぱく》、繰り返し発生する自然災害（地震、津波、洪水……）、さらに人為と自然のかさなった疫病の被害と人心の荒廃などである。

そうした諸問題の複雑な作用により、帝国の未来は明るいものではなかった。現状維持ができればよいほうで、むしろ帝国はしだいに衰退、縮小の方向へ動き始めた。そうしたおり、ペストの流行はどのような影響をもたらしたのであろうか。首都コンスタンティノープルには、人口減少、経済活動の不振、納税負担者の減少、人心の荒廃などの観点からみて、打撃になったことはほぼ間違いないが、帝国の他地方にはどの程度の影響を与えたかということになると、わずかにペストの流行により、人口上は約三三％から四〇％の減少と推定されること以外、評価は非常に難しい。

第二章　黒死病の侵攻

黒死病とは何か

黒死病(以下では慣例により一三四七〜五二年のペストに限り黒死病とする)にまつわる不可解な問題のひとつはその名称の混乱にある。伝統的な説明によると、ペストによる死者の身体は死の直前黒っぽい斑点におおわれ黒ずむので、見た目から黒死病とされる。それは腺ペスト患者の末期症状を指しているが、そうした死の様相に由来するのであるなら、中世の当時から使用されて然るべきであった。ところが、使用された形跡がない。確かに、中世には直訳すれば黒死病に相当する語がなかったわけではない。たとえば、アトラ・ルエス(atra lues)とかモルス・ニグラ(mors nigra)といったラテン語が思い浮かぶ。しかし、それらの語の形容詞アトラ、ニグラには「暗色の」「黒色の」のほかに、「嫌悪すべき」「恐ろしい」の意味があり、この意味で使用されていたのである。

やがて一五五五年、スウェーデンの文献に黒ずんだ死の様相の意味で黒死病が使用された。約五〇年後、それはデンマークの文献でも繰り返された。その後、十八世紀になると、ドイツで一般的名称として使用する例があらわれた。しかし、まだ死の様相を指すとは必ずしも断じ切れない。英語ではじめて文字通り黒死病を意味するに至るのはエリザベス・ペンロウズが一八二三年に刊行した『イギリス史』においてであった。それは大衆用に書かれた通俗的な歴史書であった。学術書では、医学史家ヘッカーにドイツ語による一八三二年に刊行された『黒死病』という研究書があり、英語ではF・A・ギャスケイに一八九三年刊行の『いまや俗に黒死病で通っている大ペスト(一三四八〜四九)』がある。フランス語、イタリア語、スペイン語などラテン語系の諸語は死の様相を直截《ちょくせつ》的に示す語を生まず、ペストに「黒い」という形容詞を付加したペスト・ノワール、ペステ・ネラ、ペステ・ネグラを使用した。以上から、死の様相を指して「黒死病」とするのは十九世紀以降に成立した近代語であった。

不可解な問題の二つ目は、ある土地がいつ黒死病に感染したのか、いつ流行の発生と確認されたのかにある。それらの日時を特定するには、研究者は何に依拠するであろうか。多くの場合、年代記、覚書、市議会の議事録、死亡告知表……などによっている。もちろん、ただひとつの史料が指摘するだけで日時を決定するのではなく、できるだけ多くの史料を照合するのだが、ときには裏付をとりようもなく決定されることもある。

さて、それらのなかでは感染した日時は書いていないことが多く、ほとんどわからない。記録史料によってわかるのはいつ流行の発生が確認されたかである。流行が発生するには、時間的にその前に感染することが前提となろう。その感染が生じたのはいつか。それを合理的に推断する方法を考え、提唱したのがベネディクトヴであった。彼の提唱する方法は整理すると以下の通りである。

まず、ペスト菌がノミを介してネズミに取り付き、そのネズミの巣へ入り込んで巣の中のネズミを死滅させるまで（通常一二日かかる）

すると、ノミは新しく取り付くネズミがいなくて飢えるまで（三日）

ノミはしかたなく刺咬《しこう》するヒトを物色し動きまわるまで（〇・五〜一日）

身近にいるヒトに取り付き、ヒトを刺咬し、潜伏期間ののち発症させる。そのため、局地的流行が発生するまで（七日）

その局地的流行が終りに近づき、最後の症例が発生するまで（八日）

多くのヒトが感染、発症し、広域的流行が始まるまで（八日）

この一連の段階に要した日数が合計三九日なのだそうである。要するに、感染から広域的流行まで五〜六週間かかるということである。その時点で深刻な広域的流行病の存在が村落や小都市で確認されるということになる。しかし、さらに大きな都市においては感染から流行の確認までにかかる時間は都市の規模によるという。普通の都市（人口一万以下）では六〜七週間、大都市（一万〜一〇万）では七週間、一〇万かそれ以上の人口の巨大都市ではもう一週間先になるという。

しかし、かりにペスト菌がネズミに取り付くところから広域的流行までの過程を受け入れても、以下のような説明を知ると、疑義が生じてくる。たとえば、年代記作者は社会的エリートであって通常は大きな町や都市に住んでいるという。しかも、彼は上層の人士として、黒死病が最初に持ち込まれる港湾地区や貧困者地区に住んでいない。そのため悪性の伝染病が上層の人士の注目を引く前に、一定期間貧困者たちのあいだで流行していたはずだという。加えて、市町村当局は外聞をはばかって、そうした事件の公表を渋る傾向があり、貧困者たちの流行を助長したという。そのようなことから、市町村の規模により感染から流行の確認までに時間がかかるとする。

さらに、年代記は黒死病の流行している時期に作者が居合わせて記述したとは限らないことにある。ときには事後数十年たって記述されたものもある。たとえば、後段で引用するガブリエーレ・デ・ムッシスの『疫病の歴史』は一三五〇年頃まとめられたが、彼が生地、イタリアのピアチェンツァで書いたもので、現地クリミア半島のカッファで書いたものではない。したがって、黒死病の流行の確認日ですらしばしば怪しむにたるのであるから、ベネディクトヴの推断する方法はときとしては有効な方法くらいに受け取っておきたい。

黒死病の原発地

黒死病の原発地はどこであろうか。序章で紹介したように、中央アジア説が有力である。それによると、中央アジアのステップ地帯、つまり、バルハシ湖、イリ川、イシク・クル湖周辺の一帯こそが原発地で、そこへ生息するマーモット(リス科の動物)の一種、タルバガンにペストノミが取り付いたことが事の発端であった。そこは当時チャガタイ・ウルスといわれるモンゴル人の遊牧国家で、チンギス・ハン(成吉思汗)の次男チャガタイ(察合台)が始祖になり、子孫のケベクが支配していた。彼はモンゴル人の定住化を推進し、貨幣を鋳造させ、商業を発展させた。彼の支配下にネストリウス派のキリスト教徒も定住を許されていた。そのキリスト教徒のあいだに、一三三八年、黒死病が流行したのだった。ネストリウス派はイエス・キリストに神性と人性を認めるキリスト教徒で、四三一年エフェソスの宗教会議で異端と宣せられ、キリスト教世界から追放された。それ以来、同派は東方へ活路を求め、ペルシアを根拠地に遠くは中国の長安《ちょうあん》にまで伝道をして確実に信者を獲得していた。彼らは当時東方では一般的であった習慣により墓碑に故人の死因を刻んでいたが、そこには死因を黒死病と記した一三三八年から三九年に立てられた墓碑があり、それらがイギリスとロシアの考古学研究者に解読されているのである。

黒死病はそこで流行したのち、各地へ侵攻していったと考えられる。南方へはパミール高原の峠を越えてインドへ。東方へはタリム盆地を迂回して中国へ。南西方向へはサマルカンドを通ってペルシアへ入り、タブリーズを襲い、そこからは推測になるが、多分アゼルバイジャン地方を通過して、一三四八年黒海沿岸のトレビゾンドへ向かったと思われる。イスラーム世界の大旅行家イブン・バットゥータは一三四八年一月バグダードに立ち寄っているが、黒死病について旅行記のなかで何も言及していない。はじめて彼がそのうわさを耳にしたのは、一三四八年六月シリアのアレッポでのことであった。他方、北西方向ではそれはタシケントとシル川、あるいはブハラとアム川から、アラル海を経由してカスピ海沿岸を襲い、一三四六年アストラハンに到着した。それはさらにヴォルガ川をさかのぼり、サライを通り、今度はドン川を南下し、河口のタナへあらわれ一三四七年のうちにクリミア半島一帯にまで拡散した。

ヨーロッパへの侵入

黒海の北岸にあるクリミア半島の東側には、ジェノヴァの植民都市カッファがあった。そこは一二六六年、キプチャク・ハン国(金帳汗国)のモンゴル系支配者がジェノヴァへ割譲した地であった。ジェノヴァ政府はそこが東西交易路における草原の道(ステップロード)の終着点にあたり、さらにペルシアへ、ドナウ川へルートの開かれた商業路の結節点であることに注目し、早くも一二七〇年代からジェノヴァ人の移住を推進して交易都市の建設に着手した。そうした都市はカッファ以外にも多数建設された。政府は十四世紀前半までは黒海地域の統括拠点をペラと定めていたが、その後各都市を徐々にカッファへ従属させ始めた。とくに黒海北岸の都市では、食糧の備蓄、傭兵《ようへい》の徴募、税の徴収などはカッファの管理下におかれることとなった。

その間、カッファの都市建設は着実に進み、柵で囲まれた都市空間に、港湾、城塞、広場が建設され、政庁舎、教会、商館、商店、倉庫など多数が出現し、交易により富が蓄積されていた。庁舎にはクリア(政庁)がおかれ、コンスル(執政官)が選出され、都市が運営された。コンスルの布告はラテン語とタタールの現地語で出され、住民の融和がはかられていた。

一三一三年、キプチャク・ハン国のイスラーム化が進むと、キリスト教徒の商人へ反発する気運が生じた。一三四〇年代初頭、時の支配者ジャーニー・ベク・ハンは商人に追出しのための策略を用い始めた。その矢先、一三四三年、あるヴェネツィア人がタナでタタール人を殺害するという事件を起こした。ジャーニー・ベク・ハンはそれを利用し、報復として二つの都市を攻撃した。タナはヴェネツィア人とジェノヴァ人に割譲された地であったが陥落した。カッファは存続し、一三四六年まで二度の包囲に耐えた。そしてその包囲の最終段階で、ハン軍の部隊のなかに黒死病が発生したのであった。
その間の事情についてはピアチェンツァの公証人ムッシスが書いた『疫病の歴史』が次のように伝えている。

一三四六年、ジェノヴァ人の東方の商業の拠点カッファがタタール人の包囲攻撃を受けた時、タタール人の間に疫病が蔓延《まんえん》し、一日数千人の病死者が出た。これに絶望したタタール人は、ジェノヴァ人のいる都市のなかへ疫病死した仲間の遺体を投石機で次々と投げ入れた――キリスト教徒における疫病はここに始まる。[15]

さらに一層詳細な説明となって繰り返される。

カッファは、ターナと同様にジェノヴァ人がずっと以前から築いていた同じ地域にある居住地であった。おお、神よ。ほら、タタール人の異教徒が四方八方から突然やって来て、カッファの都市を取り囲み、キリスト教徒を孤立させたのだ。閉じ込められたキリスト教徒を約三年間攻囲し続けた。
食料は船で送られて、この援助がこの包囲攻撃に対していくらか希望をつなぐものであったにせよ、おびただしい数の軍隊に取り囲まれて、ほとんど生きた心地がしないほどであった。しかし、それ見よ、病気がタタール人の間に広がったのだ。そしてそのために毎日数千人が死んだが、取り囲んだ軍隊全体にもその病気は感染したのであった。これは、タタール人の傲慢《ごうまん》さを打ち砕くために天から矢が降ってきたかのごとくであった。医師の診察も処置もどれもむだであった。病気のしるしがタタール人の身体に現れるとたちどころに死んだ。病気の症状は、体液の凝固によって引き起こされる腋の下や鼠蹊部《そけいぶ》の悪臭、それにその後のひどい発熱であった。

死にかかったタタール人たちは、疫病が引き起こした災難のあまりの大きさに茫然自失に陥り、もはやそれから逃れる希望はないと悟った。そして攻囲への関心を失ってしまった。しかし、彼らは、疫病によるたえ難い悪臭が都市のなかにいる者を残らず殺戮《さつりく》してくれることを望んで、投石機に疫病で死んだ遺体を入れて都市のなかへ投げ入れた。山のように積み上げられたタタール人の死体は、次々と都市のなかに投げ込まれた。そしてなかにいたキリスト教徒たちはそれから隠れることも逃げることもできなかった。[16]

ムッシスは、年代記の記事を事件の直後に書いているが、居合わせた目撃者ではない。しかし、真に迫ったなまなましい記述は多くの共感を呼び、代表的な証言になっている。

かくして、ハン軍から多数の犠牲者がでたことは明白だが、ジェノヴァ人側のカッファ自体もハン軍の陣営からでてきた感染ノミの取り付いたネズミにより、さまざまな方法で黒死病に感染したのであった。やがてハン軍が撤退すると、ジェノヴァ人は本国との連絡のため、ガレー船団を出帆させた。しかし、そのなかには、そうとは自覚していない黒死病の感染者と感染ネズミが乗船していたのであろう。

疫病が発生した時、船員のなかで疫病の毒に、感染した者はまだわずかであった。船のなかにはジェノヴァに向かう船もあれば、ヴェネツィアやほかのキリスト教地域に向かう船もあった。船員がそれらの地域に到着してその地域の人びとと交わった時、あたかもその地域の人びとに悪霊がもたらされたかのようであった。どの都市もどの居住地もどの場所も疫病に毒され、住民は男も女もあっという間に死んでしまった。[17]

そのようにして黒死病はヨーロッパ世界に侵入し、未曾有の悲劇をもたらしたのであった。ガレー船団は途中イタリア人の貿易拠点のあったコンスタンティノープルへ休養と食糧補給のために寄港した。到着は一三四七年六月頃と思われる。黒死病の流行の確認は七月初旬で、九月には市内各所で猛威をふるっていた。その九月、同港から船団一二隻が本国に向けて出帆した。次の寄港地はメッシーナであった。しかし、船団では航海中乗組員に黒死病とおぼしき患者が続出して、船団内はパニックになっていた。そのため、船団はやっとの思いでシチリア島のメッシーナへ入港した。そのときの状況についてはフランシスコ会修道士ミケーレ・ダ・ピアッツァの書いた『シチリア年代記』に詳しい。

主の受肉から一三四七年、インディクティオの元年、一〇月が始まったばかりの頃、ジェノヴァ人の乗った一二艘のガレー船は、彼らが犯した罪に対して神から下された罰を逃れて、メッシーナ市の港に入った。そしてジェノヴァ人は、骨の髄まで侵された疫病を伝染させたのであった。誰かがジェノヴァ人に話しかけると、人はそれだけで死の病にかかってしまい、死を免れることはできなかった。[18]

そこで、

メッシーナの人びとは、彼らの間に素早く広がった疫病が、ジェノヴァのガレー船が来たことと関係があると見て、ジェノヴァ人を素早く都市や港から追いだした。しかし病気はその都市から去らずに、その後大量の死者をもたらした。疫病に対する人びとの嫌悪感は強く、息子が病に伏すと、父親はもはや息子のそばに行きたがらなかった。もし父親があえてそばへ近づいたならば、今度は父親が感染したのであった。そして三日後に父親自身が間違いなく死に至ったのである。[19]

結局、

メッシーナの人びとはこの恐ろしい、異常な出来事を前にして、そのまま都市に留まって死に絶えるよりも都市を離れる方を選んだ。彼らは都市に留まるのを拒否したばかりではなく、都市の近辺のいかなる場所をも望まずに、都市から出たところにあるぶどう園のなかで家族と野営した。そうした人びとのなかには、いや実に大多数がそう信じたのだが、きっとカターニャの聖アガタが病気から救ってくれると信じて、カターニャの都市まで行った者がいた。[20]

しかし、

カターニャに到着した人も宿で息を引き取った。そしてその死者の数はあまりに多かったので、総大司教はカターニャ市民からの要求に応えて、一つの命令を出した――メッシーナから来た者は誰ひとりとしてカターニャの市内には埋葬してはならない。もしこれに反して埋葬すれば、破門にする。彼らの遺体は、都市の外部の墓に十分深く掘って埋葬せよ――という命令であった。[21]

そのような嫌悪と拒絶にあいながらも、なお他都市へ避難する例があとを絶たなかった。

メッシーナの人びとはシチリア島の至るところに散らばった。彼らはシラクーザに行ったが、今度は病気はシラクーザ人に感染し、非常に多くの人びとを死に至らしめた。シャッカとトラーパニの周辺の地域とアグリジェントの都市もおなじようにメッシーナ人から死の疫病をうつされた。そして特にトラーパニではほとんど人がいなくなってしまった[22]。

かくして、一三四七年九月末(年代記の記述は誤り)、黒死病はメッシーナへ上陸すると、十月には全島へ拡散し、猛威をふるったのであった。

ところで、メッシーナから退去させられたジェノヴァのガレー船団一二隻とそれよりやや遅れて帰国の途につき、メッシーナに寄港しないヴェネツィアのガレー船団はどうしたであろうか。ビラバン、ベネディクトヴらの情報が錯綜して決めかねる。ジェノヴァのガレー船団のうち三隻は香料を積んでイタリア本土西岸を北上、一三四七年十一月にはジェノヴァへ帰国したようだ。黒死病の発生は十二月末に気づかれたようである。同地は人と物資の往来が多かったから、黒死病は後背地のロンバルディーア平野へ侵攻した。その間、サルデーニャ、コルシカ、エルバといった島々にも黒死病は交易船や漁船を通じて広まった。それは十二月には流行となって猛威をふるい、一三四八年一月にはサルデーニャ島かエルバ島から本土のピーサへ上陸した。ピーサはフィレンツェの外港をなしていたから、黒死病は後背地のトスカーナ地方へ侵攻した。またシチリア島からは十二月に黒死病は本土のレッジョ・ディ・カラーブリアに上陸している。ヴェネツィアのガレー船団はアドリア海に入り、途中バルカン半島のダルマツィア海岸側の海洋都市国家群に寄港し、黒死病に感染させた。それらはスパラート(現スプリット)で一三四七年十二月二十五日、ラグーザ(現ドゥブロヴニク)で四八年一月十三日以前に気づかれた。後者では連日平均して二〇ないし三〇人の人びとが死亡したという。ある年代記作者によると、全部で六〇〇〇人の市民と二七三人の貴族が死亡したことになっている。ヴェネツィアにおける黒死病の流行は一三四八年一月二十五日に気づかれたようである。
かくして、イタリアの場合、一三四八年一月の時点では、黒死病はジェノヴァ、ピーサ、レッジョ・ディ・カラーブリア、ヴェネツィアと四カ所を橋頭堡《きょうとうほ》として上陸したのであった。

ほかの地中海域へ

黒死病は一三四七年コンスタンティノープルからイスラーム圏へ拡大した。ひとつはコンスタンティノープルからアレクサンドリアへ、直接ある商船で運ばれた。そこから、黒死病はゆっくりカイロへ移動した。そこでは、一日に三〇〇人の死者を出し、ピーク時には七〇〇〇人の死者に達したという。万事が混乱し、棺桶不足から、死者は厚板に載せられて運ばれたという。さらに、それはナイル川をさかのぼり、一三四九年二月上エジプトに到着した。また、黒死病はアレクサンドリアから地中海沿岸にそって西と東へ進んだ。それは一三四八年四月までにガザへ、六月にダマスカスへ侵入した。そこでも状況は同じで、毎日一二〇〇人の死者を出し、葬儀を出す人手に不足したのだった。さらに、それは北上して十月にアレッポを襲った。それより前、一三四八年五月三十日、イスラーム圏の大旅行家、イブン・バットゥータは黒死病の流行について『大旅行記』で次のように語っている。

われわれがアレッポで得た情報によると、疫病がガッザで発生したこと、そこでの死者の数は一日一、〇〇〇人以上にも達したとのことであった。そこで、私はヒムスに向かったが、そこでも疫病がすでに起こったことを知った。そして、私がその町に到着した日に、約三〇〇人が死亡した。その後、

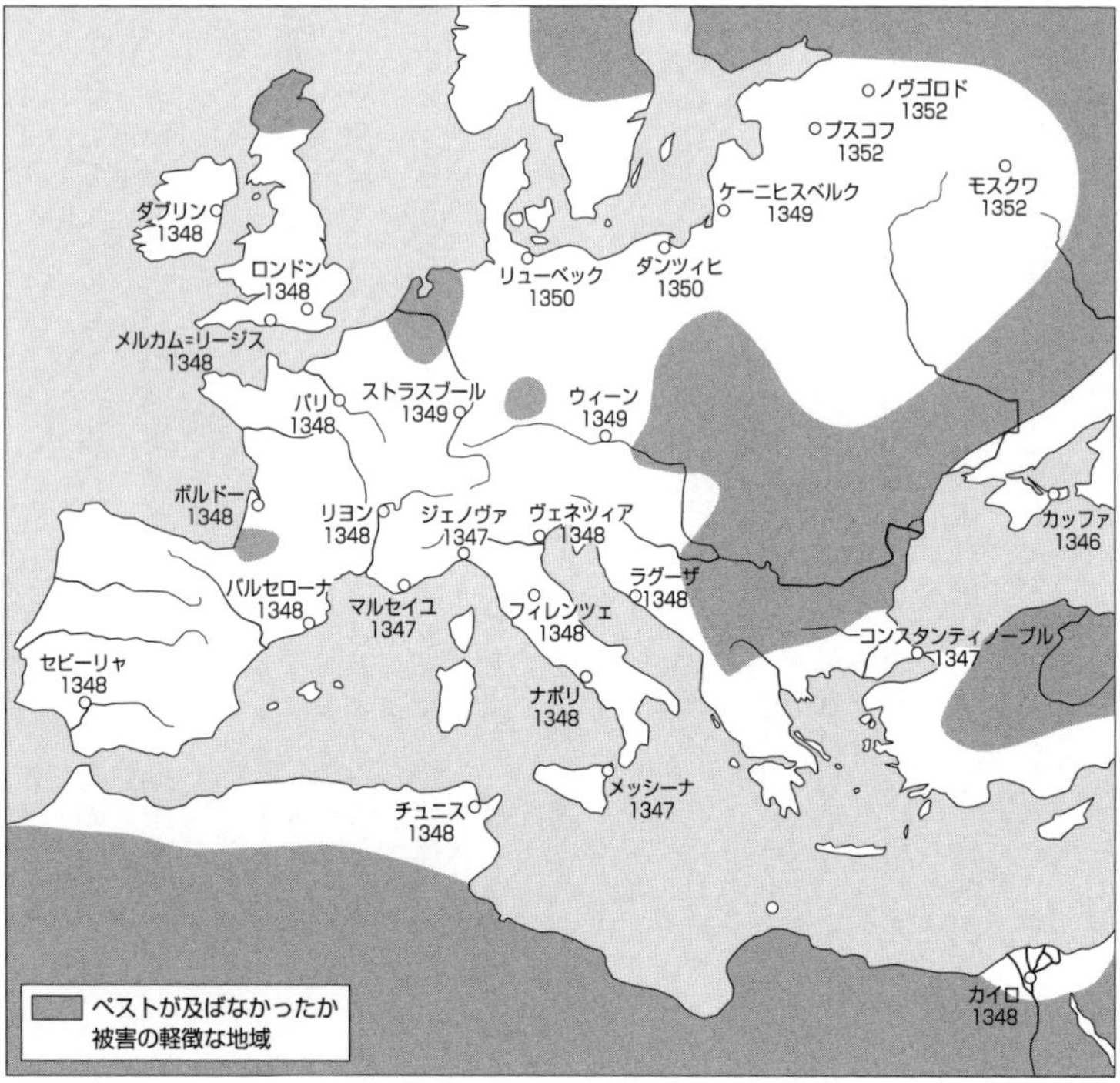

図３　1346〜52年の黒死病の伝播

私はダマスカスに旅し、そこに木曜日に到着したが、町の住民はそれまでに三日間の断食を続けており、〔明くる〕金曜日には〈足跡のモスク〉に向かった。このモスクについては、「第一の旅」においてわれわれが説明したとおりである。神は、彼らの間に疫病が蔓延することを和らげられたが、彼らのもとでの一日の死亡数は二、四〇〇人にも達した。[23]

その間、はるか南のメッカまで、巡礼が黒死病を運んでいるし、一三五一年には、エジプトで捕虜の身から解放されたイエメンの支配者が取巻きとともに黒死病を故国へ持ち帰ったのだった。

北アフリカでは、一三四八年四月、黒死病はシチリア島から船でチュニスに上陸した。チュニジアでは、それは東西へ移動し、西では軍隊に取り付き、さらに西へ移動し、一三四八年末にモロッコへ達した。その結果、サハラ砂漠以北のアフリカでは、一三四九年になると黒死病が全土に浸透したのであった。

他方、黒死病はコンスタンティノープルからキリスト教圏のギリシア本土、エーゲ海の島々、クレタ島、キプロス島へ船で侵入した。それは黒死病から難を避けてきたイタリア人、ギリシア人のガレー船によるもので、一三四七年九月にはギリシア南部、中央部に及んだ。

もうひとつの黒死病の流れはコンスタンティノープルから陸路でバルカン半島へ侵攻した。それはブルガリア、マケドニア、アルバニア、コソボの諸地方へ一三四七年秋には侵攻した。そして、ベネディクトヴによると、マケドニアのどこかで、ギリシアから北上した黒死病の流れとダルマツィア海岸の諸都市から東進したそれとが出会ったはずであった。なお半島北部のハンガリーの広大な領域では、一三四九年一月に黒死病の発生が確認されるが、西からの流れによったものと思われる。

イタリアへ

イタリアでは一三四八年と四九年に黒死病が猛威をふるった。そこは資本主義の発展とルネサンスの発祥の地として十四世紀、十五世紀にはヨーロッパの先進地域をなし、とくに北イタリアと中部トスカーナ地方には、ヨーロッパきっての高度に都市化した人口密集地が形成された。それは政治・経済・社会の発展には有効なシステムであったが、市壁に囲まれた狭い、風通しも陽当りも悪い土地、人口の密集による劣悪な住まい、黒死病に免疫力のない人びと、衛生観念の欠如など伝染病の蔓延に打ってつけの環境でもあった。加えて、先の四つの橋頭堡中の三つ、ジェノヴァ、ピーサ、ヴェネツィアはいずれも貿易・商業の一大中心地で、当時としては濃密な内外の取引網をもっていた。そのため、人と物資の往来は頻繁で、黒死病の動向についてもときには予想外の複雑な侵攻、拡大、転進を示すこともあった。

まずはジェノヴァからみると、そこは人口約一〇万、ジェノヴァ共和国の首都であった。黒死病はそこで大流行ののち、北イタリアと海岸地方へ一三四八年四月までに拡大した。ムッシスの『疫病の歴史』によると、

疫病によって避難を余儀なくされたジェノヴァ人のなかには安全な場所を求めてアルプスを越える者がいて、彼らはロンバルディーアにやって来た。なかには商品を携える者がいて、ボッビオに滞在している時にそれを売った。その後、買い手である宿の亭主とその家族全員と、近所に住む数人の者が、ともに疫病に感染してそれで急死した。[24]

しかし、じつをいうと、そのときのジェノヴァからの黒死病の侵攻速度はピーサやヴェネツィアのそれ

に比べて遅かった。黒死病は七月ピエモンテやその他のアルプス地方の山間部の村々へ到達した。とはいえ、都市部のトリーノは取り残され、発生の確認は十一月十一日であった。また同じくミラノはそれがいつどこから侵入したか情報がないが、ヴィスコンティ家の専制主義体制のもとにあったため、迅速な対策によって一定の予防をすることができた。それは黒死病の発生をわずか三軒の家屋ですませることができたことにある。その理由は厳格な市門の監視と感染家屋を壁で囲んで交渉を断ち、死ぬまで放置するという強引な隔離策が功を奏したからである。ミラノが再び黒死病に襲われるのは一三五〇年である。

次に人口約四万の貿易港ピーサでは、黒死病は一三四八年一月一日に発生が確認された。それはラニエーリ・サルドの『ピサ年代記』に詳しい。

一三四八年の一月の始め、ピサにジェノヴァの二艘のガレー船がやって来た。それはローマ帝国から帰って来た船であった。ジェノヴァ人が魚市場に着いた時、今述べたガレー船の船員に話しかけた者は皆、すぐに病気になり、死んでしまった。そして、その病気になった人に話しかけたり、病死した人に触れた者も、これまたすぐに死んでしまった。こうして疫病はピサの町中に広がり、そのため誰も彼もが死んでしまうほどであった。25

そのようにして、市中に拡大した黒死病は多くの犠牲者を出すが、年代記にはめずらしく先のミラノの例にも触れられているので注目しておこう。

ミラノの場合、疫病はさほど深刻ではなかった。なぜなら、ミラノでは全部で三家族が死んだだけで、死者がでたその家の出入口と窓がふさがれ、疫病はそれ以上は広がらなかった。そしてその家には火が放たれたのであった。[26]

ピーサから黒死病は内陸に向かう。それは二月ルッカ、ピストイア、三月フィレンツェに侵入した。侵攻速度が遅いのは寒い冬の気象条件によると思われる。状況からみて、後手にまわって効果を期待できなかったものの、ピストイアでは五月二日付で、もっとも早い疫病時の都市条令(一三〇頁参照)が制定された。

フィレンツェはトスカーナ地方の中心都市で人口約一〇万の大都会であった。それは政治・経済・文化の分野において指導的な役割を担っていた。そのフィレンツェにおける流行の状況について、ここではフィレンツェ政界で代表的役割を演じたマルキオンネ・ディ・コッポ・ステーファニの『フィレンツェ年代記』とジョヴァンニ・ヴィッラーニの『フィレンツェ年代記』によってみてみよう。マルキオンネによると、

主イエスの一三四八年、フィレンツェとコンタード〔都市の支配領域〕に最大の疫病がやって来た。それは非常に激しいものであった。そのため病気が発生した家では、看病すべき者は皆すでに同じ病気で死亡してしまっていたので、誰も病人を看病する者はいなかった。そして病気にかかった者で四日を越えて生き延びる者はほとんど誰もいなかった。そしてその病気がまだ知られていなかったせいなのか、あるいは医師がこれまで全くその病気について研究したことがなかったせいなのか、医師も薬も役に立たなかった。[27]

そのような状況にあって、

それは非常に恐ろしいことであったので、一軒の家で疫病に感染した者がいるとわかると、その家に残る者は誰もいなくなった。怯えた人びとは家を捨て、別の家へと逃げて行った。ある者は都市のなかへ、ある者は田舎の別荘へ逃げて行った。医師の姿は見あたらなかった。なぜなら医者も、ほかの者と同じように死んでしまったからだ。医師が見つかった場合でも、医師は患者の家に入る前に法外な金を手渡すように要求した。[28]

市内の状況としては、

同業組合は全く機能していなかった。商店や食堂は、どれも閉鎖されたままであった――開いていたのはただ薬屋と教会だけであった。また町の中を歩いて回っても、人はほとんど見当たらなかった。そして都市の多くの有力者や金持ちたちの遺体が、その住居から教会へと、担架で四人の墓掘り人によって運ばれた。そこには十字架を運ぶ貧しい聖職者が付き添った。しかし、その墓掘り人と聖職者さえも、それぞれ一フィオリーノずつ報酬を請求したのであった。[29]

教会では、

すべての教会において、あるいはほとんどの教会において、埋葬用の穴が掘られた。その穴は、水が湧くまで掘られた。穴は、住民の数が非常に多かったことから、深く大きく掘られた。埋葬の仕事をおこなう者は、夜、病人が死ぬと、その病人があまり金持ちでない場合、その晩のうちに、みずから肩に載せて穴まで運び、穴に放り投げたのであった。[30]

そのためヴィッラーニによると、疫病の終息を願って市民による宗教行列がおこなわれた。

この疫病は□□□□□〔空白部分〕まで続いた。そして多くの地方や都市で人びとはずっと悲嘆にくれたままであった。一三四七年三月半ば〔この時代のフィレンツェでは新年は三月二十五日から始まる。前日まで一三四七年〕、厳粛な行列がおこなわれた。この行列は、神が疫病を終息させ、我々の都市フィレンツェとそのコンタードを守ってくれるように願ってなされたものであり、それは三日間続いた[31]。しかし、その効果もなく、多数の犠牲者がでた。マルキオンネの指摘では、

疫病でどれだけの人がフィレンツェの都市部において死んだかをしっかり調べるようにと、司教とシニョーレから命令が発せられた。疫病でようやく死ぬ者が出なくなった一〇月一日になって、死者の数は、男女の別なく、子供も大人も合わせて、三月から一〇月までで全部で九万六千人と見なされた[32]。

しかし、教会と政庁による情報収集、調査能力は不十分なことが考えられるので数値には信用がおけない。人口約一〇万の都市で死者の数が九万六〇〇〇人は受け入れられない。いずれにしても多大な犠牲を払ったのであった。

フィレンツェからさらに南のシエーナでも流行は激化している。そこはフィレンツェと並ぶ金融の中心地で、人口五万以上を数えた。そこでの流行はアーニョロ・ディ・トゥーラの書いた『シエナ年代記』に詳しい。

シエナでは五月〔一三四八年〕になってから大量の人びとが死に始めた。それは恐るべき、むごたらしいことであった。その残酷で無慈悲なありさまについてどこから書き始めたらいいのか私にはわか

らない。それを見た者はあまりの心痛から震えおののいたのであった。身の毛もよだつその様相について語ることなどできない。そしてこの恐ろしさを見ずにすんだ者こそ、まさに幸いなる者と見なせよう。……

父は息子を見捨て、妻は夫を、兄は弟を見捨てた。誰もが病気の相手を逃れて立ち去った。この病気は、病人の息を吸ったり病人と目を合わせるだけで罹病《りびょう》するように思われた。こうして人びとは死んでいった。……

私こと、「デブ」のあだなで呼ばれるアーニョロ・ディ・トゥーラは、自分のこの手で自分の五人の子供を葬った。[33]

かくして、シエーナは年代記の記述にあるような五万二〇〇〇人の犠牲者を出すことはなかったが、半数の市民を失う惨事を経験した。なお、年代記文中に家族を見捨てる条《くだり》があるが、それは当時の年代記ならどこの国のそれにもでてくる陳腐な常套句であることを指摘しておこう。

黒死病はさらにローマに向かって南下し、四月末か五月、教皇国家のオルヴィエートへ達する。エリザベス・カルパンティエによると、そこは山間部の農作物(小麦、ブドウ、ブドウ酒)が集荷される中心地で、人口が一万か一万二〇〇〇を数えた。黒死病はそこへあらわれると、約四カ月間流行し、七月にピークに達し、九月七日に終息した。ピーク時には、死者数は一日当り五〇〇人に達したはずであった。ローマへは八月に達した。

第三のヴェネツィアはヨーロッパ最大の都市のひとつで、人口一二万から一五万を数えた。そこでは、一三四八年一月二十五日、黒死病の流行が確認されたが、その後大流行し、たとえば、一二五〇人いた大評議会のメンバーは三八〇人にまで減少したし、五〇年にはドージェ（統領）、ジョヴァンニ・ディ・ムルタを失った。作者不詳の『パードヴァとロンバルディーアの新しい歴史』は遺体処理の状況を次のように指摘している。

多くの人は相当な代償を払って、聖職者の立会いもなければロウソクも灯されないままに、あわれな貧民に埋葬された。実際、一〇万人が死亡したヴェネツィアでは、船が相当な値段で雇われて遺体を島へと運んだ。市内は無人同然であった[34]。

ヴェネツィアから、黒死病は二つの方向へ向かった。ひとつは北イタリアのロンバルディーア平野をパードヴァ、ヴェローナと西進した。その流れはさらに西進するが、他方でヴェローナから分岐して山間部をアルプス山脈のほうへ北上、六月二日トレントに達するものもある。トレントにおける流行の状況については司教座聖堂参事会員のジョヴァンニ・ダ・パルマの『年代記』に詳しい。

同じ年の一三四八年の六月二日、五つの症状を伴う疫病がトレントに発生した。その症状とは、第一に発熱、第二に鼠蹊部や腋の下に現れる腫れ、第三に疔《ちょう》、第四に「アントラス」という血液の流出、第五に、「聖クリストフォルスの患い」と呼ばれる昏睡であった。そしてトレントでは間違いなく六人中五人が亡くなった。そして家族のなかに死亡者を出さないところはなかった。多くの家族が全滅した。また、生き延びる者がいなかったために多くの一族が途絶えてしまった[35]。

今回の疫病は六カ月間続いた。――ああ、神のご加護なしには！

医師の死亡は他の人びとよりも多かった。おまけに、私がこの眼で見たし、またほかの地域からも聞いていたように、都市の有力者まで命を落とすようになった。これは今度の疫病のおかげで薬がもはや誰にも見つからなくなったためである。[36]

トレントから、黒死病はさらに北上、ブレンナー峠を越えてドイツ語圏のチロル地方へ侵攻し、六月二十九日、ミュールドルフに達する。

もうひとつは北方でヴェネツィア共和国の国境を越えてドイツ語圏のケルンテン公国、シュタイアーマルク公国へ向かった。それは八月フリウーリで発生が確認されたが、一三四九年一月ケルンテン公国のフィラッハでも確認される。そこからは黒死病の侵攻は加速し、オーストリア中央部へ向かう。

最後に、南イタリアのレッジョ・ディ・カラーブリアから、黒死病は一三四七年十月上陸し、一帯に浸透したが、情報が断片的で明確でない。それがナポリと王国全体に蔓延するのは一三四八年五月であった。なぜ時間がかかったのか。それは南イタリアが経済的に立ち遅れ、人口が少なく、人と物資の流れが限定的であったから、と考えられている。

そのようにみてくると、黒死病はヨーロッパ本土へ侵攻してくるや、最初にイタリアに侵攻し、未曾有の被害を与えたのであった。経済の発展、物流の大規模化、人口の集中、都市の発展などは合理化・文明化には貢献したが、黒死病の流行も助長・促進したのであった。高い人口密度、多数にのぼる市町村、それだけ多数の居住家屋、それに対応したネズミの集団営巣地は疫病の蔓延を長引かせたのであった。その結果、イタリアにおける黒死病は一三四七年に上陸し四八、四九年と流行しながら、五〇年においてすらまだ山間部には未感染の市町村が残されたのであった。

フランスへ

黒死病は地中海側の玄関口、マルセイユから上陸した。しかし、どのような経緯によって侵入してきたのか、情報は錯綜している。ビラバン、リュスネ、ジョン・ケリーらが指摘するのはジェノヴァに荷揚げをしようとして追い出された三隻のガレー船のうち、一隻が一三四七年十一月一日にマルセイユに入港し、それをもたらしたのであった。マルセイユは当時人口二万から二万五〇〇〇、フランス最大の貿易港であった。そこでは、黒死病は発生直後は大事に至らなかったが、一三四八年二月から八月まで爆発的に流行した。マルセイユから、黒死病は二手に分かれる。ひとつは一三四七年十二月一日頃エクスへ侵攻した。もうひとつは内陸に向かい、一三四八年一月アルル、アヴィニョンに達する。当時アヴィニョンは教皇クレメンス六世の教皇庁がある都市であった。そのため、教会関係者が各地から所用で集まり、人口も二万から五万を変動し、賑わいをみせていた。黒死病はそこへ侵入したのであった。アヴィニョンの流行の様相はペトラルカの親友で教皇庁に勤める聖歌隊の先唱者ルイス・ハイリゲンが書いた書簡に詳しい。

手短にいえば、アヴィニョンで少なくとも半数の人びとが死んだのだ。というのも、現在七、〇〇〇軒以上の家が市壁内にあるが、そこの人びとは皆死んでしまったので、その家には誰も住んでいないのである。また、郊外にはひとりとして生き残っている者はいないと考えて差し支えないからである。それゆえに教皇はノートルダム・デ・ミラクルの近くの野原を購入されて、そこを墓地として聖別された。その墓地に三月一四日までに一一、〇〇〇人の遺体が埋葬された。[37]

以上によって、いかに多くの犠牲者がでたかはわかるが、教皇庁の中央本部員四五〇人のうち九四人が死亡したことによっても事態の深刻さが明らかである。教皇は神の怒りを鎮めるため、流行の初期には宗教行列を組織したり、聖年（その年ローマへ巡礼すると、死に際しては煉獄《れんごく》を免除されて直接天国へ到達できる恩恵を与えられる特別の年）を半世紀近くも早めて一三四八年の復活祭にローマへの巡礼を呼びかけたりして、活発な役割を果たしたが、効果がなかったばかりか、行列のため多くの人びとが集結して、むしろ黒死病の蔓延を助長したと気づいた。そのため、教皇は侍医のギ・ド・ショリアクに助言を求めたが、自室に閉じこもり、だれにも会わないことを求められる始末であった。

市民の犠牲者のなかには、ルネサンスの人文主義者ペトラルカに見染められ、永遠の女性ラウラとして理想化され、『詩集』で謳い上げられた市参事夫人ロール・ド・ノーヴも含まれていた。

アヴィニョンから、黒死病は二手に分かれる。ひとつはローヌ川を船で北上し、四月末日リヨンへ侵入した。三月までの寒い季節と打って変わって、黒死病は春のうららかな日和のなかを到着した。当時のサン＝ニジエ教区に教区簿冊が残っている。それによると、最初の黒死病の死者の葬式が五月二日に記録された。その第一週から死者の増加が始まり、第二週からは急増する。

黒死病はベネディクトゥの推測では、マルセイユからリヨンまで約一七〇日かかったようだ。平均すると、一日に約一・七五キロの侵攻速度である。彼によると、黒死病は往来の激しい主要な街道では一日約二キロ進む。地方都市と農村を結ぶ街道ではもっと遅くなり、一日約〇・七キロ進む。そうしてみると、マルセイユからリヨンまではヨーロッパきっての交通量を誇るメインルートのひとつとみることができよう。

黒死病はリヨンからアルプス山間部や中央山塊地方にも浸透しながら、さらにソーヌ川に入り北上し、途中から陸路で、八月パリへ到着した。

もうひとつはアヴィニョンから西方へ向かった。ハイリゲンによると、

> そして今や疫病はローヌ川を渡って、トゥルーズまでの多くの都市と村落を飲み込んでしまった。そして進行するにつれてますます広範囲に拡大した。そして大量死があまりにひどかったことから、人びとは、死を恐れて病死者を出した家の親類とは誰ともあえて口を利こうとはしなかった。[38]

それは一三四八年二月モンプリエ、三月一日頃ナルボンヌと侵攻し、四月末トゥルーズ、モントバンで発生が確認される。それはさらにガロンヌ川沿いをくだり、六月末大西洋岸の港ボルドーに到着した。そこは人口約三万、イギリス、スペインとの交易で繁栄していた。黒死病の流行では、イギリスへの上陸とスペインの巡礼地サンティアゴ・デ・コンポステーラへの移動の起点になったのであった。おりしもイングランド国王エドワード三世の娘ジョウンがカスティリャの皇太子ペドロに嫁ぐため滞在したが、黒死病に感染して急死している。

ボルドーから、黒死病は三方へ拡散した。ひとつはスペインのサンティアゴ・デ・コンポステーラへ。二つ目はイングランドのメルカム＝リージス(ウェイマス郊外)へ。三つ目は沿岸航海によってノルマンディー地方のルアンへ。ボルドーからルアンまでの航海については情報が不足しているが、リュスネによる

なら、黒死病は七月末ルアンに上陸したのであった。ルアンから、それは逆にセーヌ川沿いの陸上をさかのぼりパリへ侵入した。かくして、この黒死病は前述の経路で到着したそれと八月パリで合流することになった。

当時のパリはヨーロッパきっての大都市のひとつで、人口は八万から二〇万、一説では約三一万であった。経済・社会・文化の中心地で、内陸にありながらも、人と物資の往来は河川交通によって多かった。流行は真夏に激化し、敗血症性ペストも登場した。国王フィリップ六世の妃ジャンヌはそのとき犠牲になっている。その流行についてはカルメル会の修道士ジャン・ド・ヴネットの『フランス年代記』に詳しい。

市立病院では、死亡者の数が非常に多かったので、長いこと五〇〇名以上の死者が丁重に荷車に載せられ埋葬のため聖イノサン墓地に運ばれた。市立病院にいる多数の信心深い修道女たちは死を恐れず、やさしく謙虚な態度で患者を看護し、名誉を得ようなんて少しも思わなかった。[39]

その間黒死病は地方にも確実に浸透した。それは四月ルシヨン、五月東プロヴァンス、六月アキテーヌ、八月ドーフィネ、フォレなど。それらの地方では、それは数カ月大流行している。やがて秋、それはシャンパーニュ、ブルゴーニュ、ノルマンディーに侵攻した。さらに、それは北のほうへゆっくり移動を始める。黒死病は十二月カレー、翌一月アミアンのように都市で発生を確認するが、全般的には冬季のため活動が衰える。一三四九年春になると、それは再び動き出し、ピカルディー、ムーズ川流域、アルザス（エルザス）へ侵攻した。夏季、都市では六月ヴァランシエンヌ、八月リールに発生をみるが、地方ではアルトワ、フランドル、南エノーに侵攻した。その年の末までに、それはフランシュ＝コンテとフランス東部の全地方へ波及し、マルセイユ上陸からほぼ二年で全土を席巻《せっけん》した。ヴネットはその結果について次のように記している。

> 大量死はフランスで一三四八年と一三四九年の大部分のあいだ続き、それから終息した。多くの農村と都市の家屋が空き家で無人のままに残った。多くの家屋はまもなく朽ち果て崩壊した。それはパリの多くの家屋についていえたが、それでも、ほかの地域のそれほどひどくはなかった。[40]

フランス全土を席巻した侵攻速度は平均するとどのくらいなのか。リュスネによると、それは一日当り二〜三キロであったという。ベネディクトヴによると、主要街道における速度は一日約二キロである。フランスにおける侵攻速度はそれより早かったということになろう。さらに、それを上回る例外もある。たとえば、黒死病はルアンからパリまで約一三〇キロを、日程にすると、一三四八年七月二十五日から八月二十日までに走破した。それは平均すると、一日当り約五キロ進んだことになる。リュスネの指摘するその事例は黒死病史上最速の侵攻速度のひとつになろう。

フランドルとスイスへ

黒死病が侵攻したとき、今日ベルギーに相当する地域はフランスと神聖ローマ帝国の支配下にある多数の公国、都市などに分裂していた。黒死病はそこへフランスから侵攻した。それは北フランスを経由したものである。もっとも早く発生が確認されたのはトゥルネで一三四九年七月である。しかし、それ以後の状況が断片的で判然としない。その夏、イギリスから船でもたらされた黒死病が一三四九年イープル、五

○年以後ヘント、五一年リエージュを襲い、人口約三万五〇〇〇のブリュージュに至っては深刻な打撃を受けたはずだが、年代記には言及すらない。トゥルネのサン＝ジル修道院長ジル・リ・ムイシスの『年代記』では、トゥルネの様子が次のように語られている。

将来を担う人びとはトゥルネでクリスマスの頃にびっくりするような大量死が生じたことを知っておくべきであろう。なぜなら、私はトゥルネでは二万五〇〇〇人以上の人が死亡したということを確かに知っていると語った多くの人びとがいるのを聞いたことがある。妙なことに多くの死者はひときわ影響力と経済力のある人のなかからでたことにある。ブドウ酒を飲み、悪い空気と患者の訪問を避けた人からは死者はほとんどか、まったくでなかった。しかし、患者を訪問したり、患者のなかで生活した人は重態になるか、死亡した。[41]

そこでは、トゥルネの実情のほかに、人から人への接触感染が強調されているのが印象的である。

スイスへの侵攻経路はいくつかあるが、主流はマルセイユからリヨン経由でローヌ川をさかのぼり、ジュネーヴに達するそれであった。イタリアからアルプス山脈の峠越えの経路は傍流であった。黒死病は一三四八年六月以来、ジュネーヴで発生し、北東部のローザンヌへ向かい、十一月十日に到着した。ローザンヌから、二手に分かれて侵入し、ひとつはチューリヒへ、もうひとつは大聖堂のあるシオンへ向かった。ベルン到着は一三四九年二月、バーゼル到着は五月初旬であった。『ベルン年代記』は、黒死病の移動方向を評して「日没の地から日の出の地への移動」とした。

イベリア半島へ

黒死病のスペイン侵攻には幾通りかの経路があるが、もっとも時期的に早かったのはマルセイユからの船によるものであった。黒死病は一三四七年十二月、バレアレス諸島のマリョルカ島に上陸し、その後二番手が一三四八年一月ルシヨン(当時スペイン領)で確認された。それらはマリョルカ島とルシヨンからあいついで船でスペイン本土へもたらされた。それは一三四八年三月ルシヨンからバルセローナへ、五月マリョルカ島からバレンシアへ、同じく五月三十日アルメリーアへと続く。黒死病はそれらの港から内陸へ侵攻する。

バルセローナから、それは速度を速めて多方面に拡大したが、なかでもレリダを経由してサラゴーサへが主要経路であった。それはアラゴン国王の居城があったサラゴーサで一三四八年九月に発生が確認された。それからしばらくあいだをおいた一三五〇年五月、国王ペドロ四世は末娘と姪を、十月には王妃レオノーラを失った。サラゴーサからそれは十月六日ボルハへ、タラソーナを経由して旧カスティリャ方向へ侵攻した。もうひとつは南西部へ向かい、十月二十五日カラタユードへ、さらに新カスティリャ方向へ侵攻した。

バレンシアから、黒死病は七月北のテルエルへ移動、そこで二手に分かれた。ひとつはマドリード方向、もうひとつはサラゴーサ方向に侵攻した。推測では、それは一三四八年の冬か四九年の早春にマドリード、三月か四月にトレードへ侵入したものと思われる。

アルメリーアから、黒死病は船で海岸を移動し、四月マラガ、六月アルへシーラス、カディスと次々に侵入する。六月早々、アルヘシーラスとカディスでは司教が黒死病で死亡した。それはそうした港から内陸へ浸透し、グラナダ王国を席巻した。そのグラナダ王国はイスラーム系で、当時レコンキスタ(国土回復運動)のため南下していたカスティリャと交戦中であった。局面はジブラルタルの要塞戦にあった。カスティリャ軍は要塞を包囲していたが、陣中に黒死病が発生し、それに感染した国王アルフォンソ十一世が一三五〇年三月二十六日死亡した。それは黒死病で死亡した唯一の国王の例であった。

以上の経路はすべてフランスからの侵攻によるが、もうひとつアフリカのモロッコからの侵攻も見落としてはならない。情報は断片的で実態をつかめないが、黒死病が一三四八年末にモロッコへ達していることから、時期的にやや遅れる(約半年)としても、イベリア半島南部へ上陸してきた可能性は排除できない。

他方、黒死病は一三四九年六月、北西部のサンティアゴ・デ・コンポステーラに不意にあらわれた。そこは使徒ヤコブの骨が大聖堂の祭壇の下に安置されていると信じられた中世有数の巡礼の地であった。ベネディクトゥヴによると、それはボルドーから船でラ・コルーニャに運ばれ、そこから巡礼に取り付いて五〇キロ歩き、やってきたと推測される。そこの司教は六月十四日まで生きていたと思われる状況から、彼が黒死病で死亡したことは間違いない。

サンティアゴ・デ・コンポステーラから、黒死病は北スペインのアストゥリアス、レオン、カスティリャに浸透した。それは七月ルーゴで確認され、十二月まで周辺を荒廃させた。しかし、それは同じ北スペインにあるナバラ王国へはボルドーから陸路で五月初旬に到着した。

ラ・コルーニャから、黒死病は船で南下し、ポルトガルの港へ侵入したものと思われる。情報は断片的で、流行の経路や実態はつかめない。北部では、一三四九年七月にブラーガ、ラメーゴ、ヴィゼウの司教が黒死病で死亡したし、中部では九月二十九日に古都コインブラで流行が確認された。それはポルトガルの北部で夏から秋にかけて、また時期の特定はできないが、南部でも広く流行したものと考えられる。

ブリテン諸島とオランダへ

黒死病はボルドーから海路ウェイマス郊外のメルカム＝リージスへもたらされた。ベネディクトヴはさまざまな検討から、黒死病が一三四八年六月二十四日より数日前に確認されたとしている。どのようにしてもたらされたのであろうか。それはリンのフランシスコ会修道士とだけ知られている聖職者の書いた『年代記』に詳しい。

　一三四八年、二隻の船が盛夏の少し前、ドーセットのメルカムに寄港した。そのなかの一隻はブリストルから来航したのであった。それらの船のなかには、ガスコーニュからやってきた水夫たちがいた。彼らは疫病と呼ばれる前代未聞の流行性の病に感染していた。彼らはメルカムの人びとを感染させた。メルカムの人びとがイングランドで最初の感染者になった。疫病というこの病で死亡した最初の住民はせいぜい三日間病に伏したのち、洗礼者聖ヨハネの祭日の前夜〔六月二十三日〕死亡した。[42]

かくして、黒死病はイングランドに上陸するや、そこから海岸沿いに西方と東方へ拡大する。ひとつは西方へ向かい、エクセタ、プリマスを襲い、コーンウォル半島をぐるりとまわってブリストル海峡へ進み、エイヴォン川を遡上して八月十五日ブリストルへ到着する。当時、ブリストルはイングランドで二番目に大きな都市であった。それは大陸と比較すると小規模だが、人口一万から一万二〇〇〇であった。イングランドがまだ農村的で、人口の九〇%程度は一〇〇〇人以下の村落に住んでいたことに注目すべきであろう。

ブリストルから、黒死病はセヴァーン川を遡上し、八月末グロスタに侵入した。そこでは、不安を感じた都市役人が市門を閉鎖して人を入れなかったが、それは市内に入り込み、流行をもたらした。それらの都市から、黒死病は北方と北東方向へ移動し、ミドランズ地方、ウェールズに隣接する地方、さらにオクスフォードシァに侵攻し、主要な街道を伝わってロンドンへ侵入した。

もうひとつは東方へ向かい、ソールズベリ経由とウィンチェスタ経由と二手に分かれて進み、レディング近くで合流して一本化し、小型船舶による沿岸航路とともにロンドンへ達する経路となった。そのロンドンにおける黒死病の発生確認日と流行の様相は年代記によってまちまちだが、エイヴズバリの『年代記』によるなら、

> 疫病は諸聖人の祝日(十一月一日)頃ロンドンに到着し、日々多くの人びとの命を奪った。それは非常に強力になったから、聖燭祭(一三四九年二月二日)から復活祭(四月十二日)まで、二〇〇名以上の人びとの遺体が毎日のようにスミスフィールドの隣につくられた新しい墓地に埋葬された。これは市内のほかの教会墓地に埋葬された遺体を数に入れないでの話であった。黒死病は聖霊の恩寵の到来とともに、つまり聖霊降臨の祝日(五月三十一日)に終息し、休むことなく北のほうへと移動していった。[43]

つまり、黒死病の発生確認日は一三四八年十一月一日である。それは周辺の地方より早く黒死病の洗礼

を受けたということである。そのような状況からみると、フィリップ・ジーグラーやケリーらが指摘するように、一番早い到着は海から船によったと思われる。

ロンドンは当時郊外教区を含めて人口約一〇万、イギリス最大の都市で、イングランド王国の首都として政治・経済・社会の中心をなしていた。しかし、市壁に囲まれた狭い市街地には、教会、修道院、貴族の館、大商人の邸宅、王宮、政府の建物と多数の違法の木造家屋が混在していた。そこには、多数の人びとがひしめき、飲料水が不潔で、風通しが悪く、不衛生な状態にあった。テムズ川に流入するフリート川に至っては汚物で詰まり、下水として十分機能していなかった。流行は長引き、一三五〇年春遅くまで続いた。犠牲者には高位高官が含まれ、カンタベリ大司教に至っては一三四九年五月、八月と続けて死亡している。

ロンドンから、黒死病は一三四九年三月北東部のイースト・アングリアへ陸路で侵攻した。そこは農業と羊毛工業で生活する農村地帯であったが、ノリッジはブリストル並みに人口一万から一万二〇〇〇を擁する商業の中心地であった。黒死病はそこへ肺ペストを流行させて荒廃させたのち、北方のリンカン司教区とヨーク司教区へ向かう。それは一三四九年五月九日ヨーク市内で発生が確認される。ヨークから、黒死病は二手に分かれる。ひとつはアイリッシュ海側のランカシァへ横断した。もうひとつはさらに北方のダラム司教区へ侵攻した。

かくして、黒死病はウェイマスからイングランド制覇《せいは》に乗り出し、一三四九年に完成したのだった。それはイングランド全域に及ぶのにベネディクトゥヴにいわせると、約五〇〇日かけたのであった。侵攻速度は一日当り平均一キロであった。
スコットランドについては史料不足で実態がつかめない。スコットランド王権は一三五〇年三月、国境近くに大軍を集結させ、黒死病の混乱に乗じてイングランドに侵略を企てたが、攻撃前に黒死病が軍隊のなかに発生し、瓦解したという。生残りの兵はペスト菌を故郷へ持ち帰り、流行を引き起こした。年代記作者フォードゥンのジョンは『年代記』でそれを次のように記述している。

一三五〇年に、スコットランド王国に世界の始まりから現代まで聞いたことのないような……大規模な疫病と伝染病が生じた。……なぜなら、ほとんど三分の一近くの人びとがそれによって自然の負債を払わされるほど、伝染病は残忍な結果をもたらしたからである。さらに、神のご意志により、この禍は病人の肉体をときにはふくらんでむくむ、奇妙で普通ではない死に至らしめたのであった。病人はこの世にある命をかろうじて二日間もたせることができた。[44]

しかし、寒冷な気候のため、大流行には至らなかったように思われる。
他方、アイルランドについては、キルケニー修道院のフランシスコ会士ジョン・クリンの『年代記』の証言に詳しい。

それは最初ダブリン近くのホウスとドロイイダで始まった。これらの都市――ダブリンとドロイイダ――を黒死病はほぼ壊滅させ、住民を死滅させた。したがって、八月初めからキリストの降誕の日までに、ダブリンだけで一万四〇〇〇人が死亡した。[45]

それは一三四八年八月初めのことで、ダブリン大司教の命を奪い、九月二十九日ダンドーク、四九年三月キルケニーと島の東半分に蔓延した。やがてそれは八月ニーナ、十月リメリック……と西半分にも及んだ。アイルランドへの侵攻経路はベネディクトヴによると、南西イングランドからで、ブリストルからではなかったように思われる。

オランダについては、もっとも早く黒死病の発生が確認されたのは一三四九年末のフリースラントであった。次には、フローニンゲンとノールト・ホラントで確認された。それらは北海に面した地方である。その数カ月後、ゾイデル海(現エイセル湖)の両岸でも確認され、一三五〇年にはオーフェルエイセルのデーフェンテルで確認された。さらに、一三五二〜五三年になると、ザイト・ホラントのドルドレヒト、さらにユトレヒトでも確認された。

以上のように、北海海岸地方から内陸地方へ黒死病の発生が移動したということは何を意味しているのであろうか。フランドルからの北上やライン川上流からの侵攻にしては発生の確認された土地が離れすぎていて唐突であろう。ベネディクトヴによるなら、北ドイツの海岸地方では、黒死病がハンザ同盟の商船によりもたらされたのと同様、フリースラントでもそれは流行地から来航したハンザ船かオランダの戻り船によってもたらされたのであろう。

オーストリアとドイツへ

黒死病はヴェネツィア共和国から三方に分かれて北上し、オーストリアへ侵攻した。ひとつはケルンテン公国、シュタイアーマルク公国へ向かい、一三四九年一月ケルンテン公国のフィラッハで確認された。

それはフィラッハから侵攻速度を加速させ、オーストリア中央部へ向かう。次はトレントから北上、ブレンナー峠を越えてチロル地方へ侵攻した。それは時期的にもっとも早く、一三四八年九月には確認されている。最後はザルツブルクの山間部へ侵攻したそれで、一三四八年十一月十一日にポンガウで確認されている。そうした三方からの侵攻により、一三四九年にはオーストリアの大半が黒死病に席巻された。ウィーンにおける黒死病の発生は年代記によりまちまちだが、ヒルデ・シュメルツァーによると、明らかにそれら三方からの侵攻とは別にハンガリーから侵攻してきたそれで、一三四九年一月であった。

当時のウィーンは人口約五万。後世の堂々たる王宮、政府の建物、大聖堂が林立した光景はなく、一部がやっとかたちをなし始めたにすぎなかった。通りは狭く、木造の家屋が建て込んでいて、舗装もなかった。そのウィーンと周辺地方の状況について黒死病の流行は南オーストリアの『ノイベルク修道院年代記』に詳しい。

伝染性の疫病はやがてウィーンとその市域全体に及び、結果として無数の人びとが死亡し、ほとんど三分の一の住民だけが生き残った。遺体の発する悪臭と嫌悪感から、それらは教会附属の墓地に埋葬を許可されず、死亡するや市外にある墓地の共同埋葬地に運搬しなければならなかった。そこでは、短時間で五つの大きな深い穴が縁《ふち》まで遺体でいっぱいにされた。疫病の流行は聖霊降臨祭から大天使ミカエル祭まで続いた。それは徹底的にウィーンを襲っただけでなく周辺のほかの地にも及び、修道士と修道女も容赦しなかった。なぜなら、五三名の修道士がそのときハイリゲンクロイツで死亡したからだ。[46]

そうした黒死病の暴虐は市民に幻覚を生み、「ペスト乙女」なる空想の女性像を思い描かせた。彼女は空中をただよい、青白い光のように見える存在として語られた。

もっとも早くドイツへ侵攻した黒死病はビラバンによると、イタリアから直接アルプス山脈を越えるそれである。アルプスは疫病の侵入にとって障壁となるどころか、峠と峡谷によってかえって直接にイタリアとドイツを結びつけたのであった。一三四八年六月、黒死病はトレントからブレンナー峠を越えてイン川渓谷をくだり、バイエルン地方のミュールドルフへあらわれた。

しかし、本格的侵攻は一三四九年になってからで、三方から侵攻してきた。ベネディクトヴによると、ひとつに南からオーストリアとスイスを越えて、二つ目に西からアルザス地方とライン川沿いに移動して、三つ目にロンドン、オスロなどから北ドイツの都市へ海路によってであった。それらのうち、西からは一三四九年春、南ドイツへ侵攻してきた。その黒死病はライン地方を含む西部地方、バイエルン地方、中央部地方へ拡大した。なかでも注目すべきは黒死病がライン地方を襲った場合にある。それはライン川を利用して船で北上し、フランクフルト・アム・マインでは七月二十二日に、ケルンでは十二月十八日に発生が確認された。スイスのバーゼルからケルンまでライン川約五〇〇キロを七カ月余りで走破している。侵攻速度としては驚異的なスピードであった。

東部では、黒死病はオーストリアからバイエルン地方へ侵攻する。パッサウ、レーゲンスブルク、アウクスブルク、ウルムなどが襲われた。それらの都市はドナウ川の本流か支流に面しており、黒死病が河川を利用して移動しているのが見て取れる。同じ黒死病は永らく黒死病が及ばなかった例外的地方とされてきたオーストリアからメーレン地方へ、バイエルン地方からベーメン（ボヘミア）地方へも侵攻した。しかし、ギャスケイは『プラハ年代記』に収集された、ボローニャ大学留学生でベーメン出身者が残した手記を利用してそれを否定した。年代記によると以下の通りである。

この頃、ボローニャからベーメンへ帰郷した数人の学生は途中で通過した多くの都市と城郭では少数の人しか生き残っていなかったが、あるところではすべての者が死亡しているのを見た。多くの家でも、命からがら逃げた人びとは病気ですっかり衰弱していたので、人に一口の水を与えることも、助けることもできなかったし、そうしたことで、大変な苦痛と苦悩を感じながら、時を過ごしていた。病人に秘跡をおこなう聖職者も医師も黒死病に感染して死亡した。聖職者が死亡したので、多くの人びとは教会で告解をすることもなく、秘跡を受けないで死に至った。普通大きくて、広くて、深い穴が掘られ、そこへ遺体が埋葬された。多くの場所では、だれも埋める人がいなくなったので、遺体の腐敗からのぼるくさい臭いは有毒の魚より汚染されていて恐ろしがられた。[47]

それとは別にニュルンベルク、ヴュルツブルクを中核とする中央部一帯は黒死病の猛威を免れたようだ。もっともそれはこの時期だけのことで、数年後には大流行に見舞われることになる。免れた原因は季節と天候にあった。おりしも冬季にあり、悪天候と寒冷のため、一時的に黒死病の動きが停止したのである。そのためレーゲンスブルクまで北上した黒死病は拡散せず、ドナウ川源流のシュヴァルツヴァルト（黒い森）へ方向を変えたのであった。

その間、ライン川方面から北上した黒死病は一三五〇年に入ると、広大な北ドイツ諸地方へ拡大した。

その事情については必ずしも明確ではなくわからないことが多い。それはその時期になると侵入路が多数になり、各地で合流してどれが先か判然としなくなるからである。にもかかわらず、ドイツにおける黒死病の史料は貧弱で、年代記にあらわれた短い記述が頼りであるという。

一三五〇年の最初の数カ月に、黒死病はライン川から離れた北西部にあるパーダーボルン、オスナブリュック、ミンデンに侵入し、五月になると、北部のブレーメン、ハンブルク、リューベックといった港のある都市やハノーファー、マクデブルクといった内陸の都市にまで達した。それは流行を免れた中央部一帯を大きく迂回して北部へでたことを意味した。さらに流行は続き、黒死病は北ドイツの平野を東へ侵攻する。そのなかでひとつの驚きは北ドイツへの侵攻が一三五〇年であるのに、さらに東のプロイセンとポンメルンの一部は一三四九年に黒死病の洗礼を受けていることである。それらはドイツ騎士団領のエルビンク(現エルブロンク)、フラウエンブルク(現フロムボルク)、ブラウンスベルク(現ブラニェヴォ)、ケーニヒスベルク(現カリーニングラード)である。エルビンクでは一三四九年八月二十四日に発生が確認された。それらはダンツィヒ湾東岸にある一種の潟湖《せきこ》にそっている。なぜかくも早い時期に黒死病が侵入したのであろうか。それは船によってもたらされたと考えられる。ベネディクトヴは黒死病をもたらした船をイングランドかノルウェーからきた可能性が大きいと考えている。

かくして、ドイツにおける黒死病はおおよそ一三四九年から五〇年の二年間で全土に及んだが、侵攻は年間を通じて均等に推移したのではなかった。それは主として冬季の寒冷な気候によってリズムを変えたように思われる。ビラバンは黒死病の侵攻が時期によって停止したという。大規模な停止は一三四九年から五〇年の冬におけるドイツを中心にした広大な地域であった。それはなお十二月にライン川地方とモーゼル川地方で侵攻するが、フランドル、ワロン、シュレースヴィヒの諸地方、フランクフルトからハンガリーに及ぶ広大な地方では、停止するという。その点について、ベネディクトヴは黒死病が内陸へ移動するにつれ、冬季の天候が進行の速度を遅らせる傾向にあったり、一時的にその侵攻を停止し、春季の暖かい天候の到来とともに再開する傾向にあったとするが、いつ、どこでかの指摘はない。両者の指摘は同じ現象を一方は現実に即し、他方は本質をついて説明したものであろう。

スカンディナヴィア諸国へ

黒死病はもっとも早くは二つの経路からノルウェーへ侵攻した。それはロンドンから船によるものであった。ひとつは多分オスロへ。もうひとつは西海岸のベルゲンへ。時期的にみると、オスロのほうが早く、一三四九年四月侵攻し南東部の海岸地方へ拡大した。もうひとつは西海岸のベルゲンで一三四九年六月末であった。中世スカンディナヴィアの『法官年代記』(おそらく十七世紀にそれを所有していた裁判官に因んでついた名称)によると、ベルゲンの場合黒死病が侵入した状況は次の通りである。

あの頃、大勢の人を乗せた一隻の船がイングランドを出帆した。その船はベルゲン湾に入ったが、船上にはわずかな人が残っているだけだった。ほどなく、船に乗っていた人は全員が死んだ。船に積まれていた商品が市内に運び込まれたとたん、市民から死者が出始めた。その後疫病はノルウェー全土に広まったし、大量死をもたらしたので、人びとの三分の一も生き残れなかった。[48]

人口約七〇〇〇のベルゲンにはそれは驚倒すべき事態であり、司教の命すら奪う蔓延ぶりであった。したがって、黒死病が非常に恐れられ、人の生死ばかりかそれをも超えたひとつの悲劇を生んでいる。ジーグラーによると、ベルゲンから離れた、とある山中に何家族かの有力な家系の人と聖堂参事会会員が黒死病を避けて集落を形成したのだった。しかし、ご多分にもれず、黒死病は追ってきて集落に取り付き、ひとりの少女を例外に全員の命を奪った。やがて年をへて、少女は発見された。彼女はひとりで生きて勝手に振る舞ってきた。彼女は保護され、ライプ(野鳥)と名づけられた。社会への復帰も危ぶまれたが、彼女は人間の習慣に慣れ、社会復帰して結婚もできたのがせめてもの救いであった。

そのベルゲン、あるいは西海岸のほかの港から黒死病はシェトランド諸島、オークニー諸島、フェロー諸島に侵入した。フェロー諸島がヨーロッパにおける船による侵入ではもっとも遠隔地である。アイスランドには一三四九年に一隻の船もノルウェーから到着しなかったことがアイスランドの年代記で確認されている。同島は十五世紀まで黒死病を経験しない。グリーンランドには黒死病が到達した証拠はない。ノルウェー国内では黒死病はオスロから北上し、ハーマルを通ってニダロス(現トロンヘイム)へ達した。そこは大聖堂のある最北の都市で、黒死病は大司教の命を奪っている。そこから北には黒死病の史料はなく、黒死病侵出の北限をなすと考えられている。

黒死病はノルウェーから内陸を横断してスウェーデンへ侵攻したが、いつどこで侵入したか判然としない。ハッランドからスコーネ、ブレーキンゲといった当時デンマーク領のスカンディナヴィア半島最南端部に浸透した。それは一三四九年秋であった。ベネディクトヴは十月か十一月と推定している。スウェーデンとノルウェーの国王マグヌス・エーリクソンは内陸のリンチェーピン司教区の住民へ公開書簡を送り、疫病の侵攻を伝え、警告を発している。書簡の日付が一三四九年九月二十五日と二十九日であるところから、すでにその時点で黒死病の侵攻は重大な脅威と映っていたのであろう。そのほかでは、中部のストックホルムとヴェステルオース、一三五〇年の復活祭にはゴトランド島のヴィスビュでの流行が確認された。しかし、黒死病はついにフィンランドには侵攻しなかった。それはフィンランドが孤立した環境にあり、人口が少なかったからであろう。

北国のノルウェーやスウェーデンにおける流行はイタリアやフランスに比較すれば人口が少なく、寒冷な気候と、人と物資の移動が緩慢なため、深刻さはそれほど大きくはなかったと思われる。ベネディクトヴによると、西ヨーロッパと北ヨーロッパにおける陸上の侵攻速度は一日当り〇・六六～一・五キロの範囲内にあり、ノルウェーのような人口の少ない地方ではもっと遅かった。

デンマークの黒死病はイングランドかノルウェーから船でもたらされた可能性が高い。ビラバンによると一三四九年初頭、それはコペンハーゲンにあらわれたことになっている。一三五〇年になると、シェラン島、ユーラン半島へ蔓延し、半島西側のリーベでも流行が確認された。

その時代、北海、バルト海域における交通は陸路以上に海路が重視された。しかし、季節によってはまったく利用できなかったり、悪天候で何日も停滞を余儀なくされ、予想以上に時間がかかるものであった。順調な場合、考えられる一日当りの船足は四〇キロであった。とくにバルト海は厳しい冬の天候のため大荒れとなり、中世の船舶構造と運用技術では航行は不可能であった。ハンザ同盟都市は商船に十一月～二月の航海を禁止していた。そのため、春先の黒死病の発生は前年秋にペスト菌が到着し、越冬して暖気にさそわれ発生したと解すべきこととベネディクトヴは指摘している。

東ヨーロッパとロシアへ

情報は少なく断片的である。ドイツ騎士団領では、一三五〇年夏季になると、ダンツィヒ（現グダンスク）、ウィストゥラ（現ヴィスワ）川中流域のトルニ（現トルン）で黒死病の発生が確認された。しかし、わかっているのはそこまでである。ポーランド、リトアニアについては皆目わからない。一三五一年、黒死病はドイツ騎士団領のなかを現ラトヴィアに相当する北東部へ移動、陸路によりロシアのプスコフに侵入した。ベネディクトヴの推定では、それは一三五二年四月後半に発生したのだった。彼によると、ロシアの年代記は記述が不正確で年代を特定できない。確実なのはロシアでは黒死病が最初に独立都市プスコフで発生したことにある。

もとより、プスコフはバルト海の海港リガと内陸ロシアの交易都市ノヴゴロドを結ぶ商業ルートの途上にあり、商業で繁栄した。同地では、夏季に黒死病が続き、秋に弱まり始め、冬の到来とともに終息した。ノヴゴロドでは、黒死病は八月十五日に始まり、復活祭まで続き、大司教ヴァシーリーの命を奪った。以後、黒死病は各地で流行する。のちの十六世紀に編纂された年代記で、同時代的信憑《しんぴょう》性に欠けるが『ニコン年代記』は全土における蔓延を次のように述べている。

ノヴゴロドだけでなく全土で生じた。……同じ年、スモレンスクでも、キエフでも、チェルニゴフでも、スーズダリでも、ロシア全土で生じた。すべての人びとに大変な恐怖と狼狽が生じた。グルコフでは、そのとき、ひとりも残らなかった。全員が死亡したのだ。このことはベロオーゼロについてもいえることだった。[49]

その記述から、一三五二年には黒死病はプスコフ、ノヴゴロドのほかに、東はニジニー＝ノヴゴロド、スーズダリから西はスモレンスク、南はチェルニゴフ（現チェルニヒウ）、キエフから北はオネガ湖に近いベロオーゼロ（現ベロゼルスク）に至るまでのロシア中央部で流行したことが判明する。年代記にはモスクワについての言及がないが、黒死病は一三五二年にはモスクワ大司教の命を奪っていて流行を確認でき、翌五三年にはモスクワ大公国のセミョン・ゴルドゥイ大公と七人の子どもたちの命も奪っている。この事実は黒死病がモスクワで猖獗《しょうけつ》を極めた証拠とされている。

かくして、黒死病は広大なロシアで一三五三年にもなお拡大を続けたものと思われる。かくも広大なロシアで一年か二年で黒死病が全土に及ぶとは考えられないからである。その経路もドイツと同様、大河を利用した河川交通が主体であった。

流行した黒死病は肺ペストであったという従来の常識はあやしくなっている。ベネディクトウは少なくともそうみていない。彼によると、年代記におけるペストの通常の持続は三日とされていた。それは腺ペストの三〜五日の特色の短い持続日数のほうに対応している。平均的な肺ペストの持続時間は短くて一・八日である。血痰を吐く特徴的段階はわずか〇・八日しか続かない。そうした肺ペストの事例は年代記にはでてこない。したがって、ロシアにおける黒死病の流行はヨーロッパで広くみられた型と同じ腺ペストである、とみている。

流行の結末

以上、黒海に突き出たクリミア半島の港町カッファに始まった黒死病は船に乗って南下し、シチリア島から本格的に上陸し、ヨーロッパを南から北へ、さらに北から東へゆっくり移動し、やがてロシアの広大な平原を南下して消滅していった。その軌跡をみると、あたかも楕円を描くかのごとくであった、というのがビラバンの示す黒死病のイメージだが、それは流行の大筋の経路にすぎない。黒死病はヨーロッパ世界で消滅しなかったのである。それどころか、今後ペスト菌は常在化し、十八世紀、場所によっては十九世紀まで大小の流行を引き起こしたのだった。

最後に、流行の態様について若干特色を指摘しておこう。黒死病の発生についてはすでに検討したが、問題は流行のピークはどのくらい持続するのかにある。それは史料不足でわからないことが多い。史料となる年代記は流行について多くの情報を提供してくれる。しかし、それは通常非日常的な事態に注目するから、いつ発生したかを記録していても、それ以上の核心に触れることは語ってくれないことが多い。明らかになっている二、三の都市でみてみると、コンスタンティノープルでは流行のピークは一三四七年十一月から十二月、パリでは四八年十一月と十二月、ロンドンでは四九年二月から四月、ウィーンでは四九年四月からおよそ九月までである。それらの事例からみると、ピークは数カ月ということになろう。

では、流行はいつ終息するのか。その点を年代記ははっきりと書いてくれない。シチリア島とサルデーニャ島では、黒死病の流行は一三四七年に始まり、四八年には大半が終息する。フランスのラングドック地方の流行は一三四八年に始まり、その年の夏に終息する。イタリアでは、ピーサ、フィレンツェ、オルヴィエートのそれは九月に、シエーナのそれは十月に、ヴェネツィアのそれは十一月に終息する。以上のようにみてくると、黒死病の流行は地中海沿岸部では一三四八年内に下火となり、四九年以後、西ヨーロッパに移行する。その西ヨーロッパでは、フランス、イングランドが一三四九年内に流行し、五〇年になると、北ヨーロッパのノルウェー、スウェーデン、デンマークでも流行が下火になり、五一年には、四九年以来黒死病が浸透したドイツ語圏でも流行が下火となり、ポーランド以東の東欧とロシアにおける流行を残すのみとなる。しかし、そこからは黒死病の侵攻速度は遅くなり、現在のラトヴィアに相当する地域に侵攻してきたのが一三五一年であり、ロシアに至っては五三年にも拡大を続けていて終息の時期は見通せない。黒死病の流行期は俗に一三四六〜五一年とされるが、せいぜいドイツ語圏の地方までで、ロシアについては史料不足である。

第三章　中世人の反応

人びとの反応

黒死病の流行でみえるもっとも顕著な反応は不安と恐怖であった。そして、それから逃れるためにおこなったのが憂さ晴し、逃亡、他者への迫害、自虐的内省《ないせい》であろう。

確かに、黒死病くらい中世人に激しい感情的・心理的ショックをもたらしたものはなかった。それは一種名状しがたいショックで、不安と恐怖としか説明のしようがなかった。それらのため、人は長い年月をかけて培《つちか》ってきた生活習慣を失い、家族の絆や社会的結合(対人)関係を断ち切らざるをえなかった。

身内から死者がでても、もはや、死の儀礼たる葬式は消滅した。死化粧も会葬も宗教儀式もなくなった。従来は親族や友人が出席し、故人に埋葬地まで付き添って行ったものだった。それは故人に対する愛情と哀悼の意の表れであった。しかし、流行が激化すると、それすらもなくなった。極端な場合には、死亡したベッドに放置されたり、街路に遺棄された。ましな場合でも、遺体はほかの遺体と一緒くたに行政当局の手配した荷車に載せられ、運ばれて行く。その行き着く先は共同墓地と称する大きな墓穴であった。そこでは、遺体は同等に並べられ、薄く土をおおわれるにすぎない。もはや生前の名誉は失われ、遺体は匿名化する。多くの人びとはその共通の運命に恐れおののいていたのであった。

　そうした不安と恐怖を前にして、なかには大騒ぎやドンチャン騒ぎに打ち興じる者があらわれた。いわば、不安と恐怖の裏返しの行為であって、人びとが黒死病を忘れるためにおこなう現実逃避であった。無論、それはほんのいっとき現実を忘れることにすぎない。酔いや興奮からさめれば、たちまち現実に引き戻されることになる。それをわかっていながらも、人びとは理性をかなぐり棄て、騒ぎに没頭した。あるフィレンツェ商人の考えた健康法を『回想録』にみると、

　憂鬱なこと、心配なことについて出来るだけ考えないようにしなさい。楽しい催しがおこなわれている場所や明るく気晴らしができる所へ足を運びなさい。考えていくうちに悲しくなったり悪い考えが生まれるような事柄については考えてはいけない。
もし悪い考えが思い浮かんだら他のことを考えたり、楽しいことを話す場所、あるいは楽しませてくれる場所、あるいは賭け事をする場所に行きなさい。[50]

そうした行動様式を客観的な目で観察し、表現したのが、フィレンツェの作家、かの有名なボッカッチョであった。彼は次のように書いている。

　他の人たちは、思いきり飲んだり、たのしんだり、出歩いて歌を歌ったり、遊びまわったり、なんでもできるだけその欲望を満足させて、何が起ころうと笑って気にもとめないといったやり方が、こ

うした疫病には効験あらたかだときめこんでおりました。で、そう口にしていたとおりにできるかぎりそれを実行に移して昼夜を問わず、あっちの酒場こっちの酒場と渡り歩いて、はめをはずして際限もなく飲みあおり、その上やりたい、気にいったことがあると、それを他人の家でするのでした。[51]

そうした人びとの哀れな行動様式をはたして放縦だと非難できようか。

憂さ晴しの一方で、黒死病の流行地を立ち去ろうとする者もあらわれた。彼らは病から身を守るもっとも確実な方法が逃亡することにある、と信じていた。それはなぜか。答えは古代ギリシアの医師ヒポクラテスの言説にあった。それは今日からみれば滑稽とも映るが、「できるだけ早く出発し、できるだけ遠くへ行き、できるだけゆっくり戻ってこい」ということにあった。その言説はその後の医師に踏襲され、各種の疫病対策書のなかで繰り返し指摘された。

その結果、その言説はいつしか人口に膾炙《かいしゃ》して常識になっていった。

黒死病の流行が始まると、経済力や伝手《つて》のある人びとは挙《こぞ》って、都市の郊外やほかの地方へ逃亡した。それはしばしば組織的で、一族や使用人もともなった逃避行であった。たとえば、一三八〇年、フランス国王シャルル五世一行はパリ南方のモンタルジへ避難した。そうした場合、逃亡者にはしばしばペスト菌が取り付いていた。彼らは逃亡の途中で発病し、行く先々でペスト菌をまき散らした。そのため、行政当局のなかには余所者の到着を警戒し、入市を禁止する措置を講じたところもある。

結局、逃亡は権力や経済力のある一部の人びとにのみ可能であったにすぎない。リュスネにいわせると、フランスの歴代国王こそ逃亡した最初の人であった。しかし、その後中世から近世にかけては多くの身分や職業の人びとが逃亡者の列に加わった。貴族や都市ブルジョワにまじって、なかには人の心の支えとなるべき聖職者や医療現場の第一線に立つべき医師の姿もあった。

ユダヤ人への迫害

不安と恐怖から、人は自分の代わりに他人を犠牲にして差し出す気になった。その典型は以前から始まっていたユダヤ人の迫害であった。周知のように、ユダヤ人は五世紀にはヨーロッパ世界に住み着くようになった。その頃、ユダヤ人は隣人と問題を起こすことはあまりなかった。むしろ、カトリック教会の側がユダヤ人の迫害をとくに十一世紀以来強化した。教会が公会議で多数の禁止事項や義務を決定し始めたのである。たとえば、(1)公職への就任禁止、(2)カトリック教徒との共住禁止、(3)村落への居住禁止、(4)土地の取得禁止、(5)ギルドへの加入禁止、(6)ユダヤ人を示す黄色のユダヤ人章の携帯義務などである。さらに、一二六七年の公会議はカトリック教徒にユダヤ人の食料品店や肉屋での買い物さえ禁止したのであった。

なぜユダヤ人がこれほど徹底的に迫害を受けたのであろうか。それは宗教的にはユダヤ人がイエスを殺した罪深き人びとだからであり、経済的には商才にたけ、裕福であったからである。彼らは指定された都市の特定地区、ゲットー(ユダヤ人街)に押し込められて生活した。

彼らに残された仕事は行商、古着商、とくに金融業であった。それは利子をとるため、教会によりカトリック教徒に永らく禁止されてきた商売であった。利子は当然のことながら高利であり、市民の反感をかいながらも必要とされた。かくして、社会不安や根も葉もないうわさが生じるたびに、ユダヤ人は市民の怒りの対象になってきた。たとえば、一三二〇年初頭以来、フランスではあるうわさが広まった。それはユダヤ人が癩《らい》病患者を買収して、カトリック教徒を毒殺しようとしている、というものである。そのうわさには何も根拠がなかったが、一部の狂信的な人びとがそれを信じて、ユダヤ人集団を襲った。南西部地方のシノン、トゥール、ペリグーといった都市で、虐殺事件へと発展した。国王フィリップ五世は翌年その事件の鎮圧に成功したが、それをユダヤ人迫害の前史とするならば、もっとも深刻な迫害の時期は黒死病の流行期であった。

一三四八年、黒死病の流行が始まると、ユダヤ人の虐殺が地中海沿岸地方から始まった。皮切りは三月二十二日、スペインのバルセローナで二〇人のユダヤ人が殺害され、家屋が略奪された事件。四月、フランスのトゥーロンで四〇人のユダヤ人が虐殺され、五月には全プロヴァンス地方へ拡大した。ユダヤ人が罪を着せられ、暴行、略奪のうえ虐殺される理由はつねに毒物の投与にあった。ユダヤ人がカトリック教徒の利用する井戸や泉に毒物を投入したため、黒死病が発生し、多くの犠牲者がでたというのである。それを語るヴネットの『フランス年代記』は次のように記している。

この空気や水の汚染と人びとの急死の原因について想定して、ユダヤ人に罪が着せられた。ユダヤ人こそが、かれらの井戸と水を汚し、空気を汚染したというのである。そのため人びとはドイツやその他のユダヤ人の住んでいる世界の色々な地域〔に〕おいて、ユダヤ人に対して武器を持って猛然と立ち向かった。何千ものユダヤ人がキリスト教徒によって虐殺されたり、火刑台に送られたりした。[52]

そのような迫害を前にして、初期の時代ユダヤ人保護に心をくだいたのは、アラゴン国王ペドロ四世と教皇クレメンス六世であった。前者は国家財政に貢献する協力者を失いたくなかったからであるが、後者は純粋な宗教感情と秩序維持の必要によるものであった。なかでも教皇は一三四八年七月四日と九月二十六日の二回、大勅書で、ユダヤ人への略奪行為と虐殺を厳しく禁じ、違反者を破門に処すとした。にもかかわらず、迫害はラングドック、スイス、サヴォワの諸地方へ拡大していった。

九月十五日、レマン湖畔のとある町のユダヤ人外科医ベラヴィニら五人が拷問にかけられ、毒物を泉へ投入したと自白している。彼によると、その毒物はバジリスク（伝説上の爬虫類）の皮、クモ、トカゲ、カエル、キリスト教徒の心臓、ホスティア（聖餐用のパン）の調合物であるという。その自白があって以後、世間の非難はユダヤ人の仕業を確信しておこなわれるようになった。一三四九年一月頃には、迫害はライン川上流地方へ達し、ドイツの内陸へ拡大していった。

ストラスブールの悲劇

ライン川上流地方の悲劇はアルザス地方で絶頂に達した。そこでは、一三三七年以来ある酒場の主人がユダヤ人を絶滅する必要を説いてまわっていた。彼は霊感を受けたと称し、自ら「王」を名乗り、狂信的な行動にでた。彼は農民を中心にした二〇〇〇人に及ぶ支持者を得て、アルザス各地でユダヤ人に暴行を加え、一五〇〇人以上を虐殺したのであった。すでに、ユダヤ人迫害の素地はできあがっていたといえよう。

図4 『1349年のストラスブールにおけるユダヤ人の焼殺』(バイエール作)

そのような土地柄のアルザス地方に一三四九年一月、黒死病の流行より先行してユダヤ人による毒物投入のうわさが達した。その根拠になったのはサヴォワ公領の司直によってストラスブール市庁に宛てて送付された報告書簡(一三四八年末作成)であった。それは前記のユダヤ人外科医ベラヴィニらの尋問調書で、次のように記されていた。

ラビのヤコブ(トレド出身)から一〇年位前に、ユダヤ人の少年を通じて粉末で卵位の大きさの皮の袋に入った毒を送られたという。そこには手紙が添えられており、従わなければ破門に処すという脅しと、彼がユダヤ法に対して服従する義務のもとに、人びとを毒殺するために、通常最もよく利用されている大きな公共の井戸のなかに毒を入れよという命令と、さらにこのことを一切誰にも口外するなという命令が書かれていた。手紙にはさらに、ほかの色々な場所でも同じことをせよという命令が伝えられていた。[53]

それを知ったストラスブール司教は全領主をベンフェルト

に招集し、ユダヤ人に仕返しをする虐殺事件を阻止するため相談し、いくつかの決議をおこなった。しかし、そうした冷静な対処に不満な市民は別行動をとるに至った。彼らの中核は経済活動でユダヤ人と競合関係にあった二八の同業組合の組合員であった。彼らは二月初め市長を辞任に追い込み、自分たちの組合から反ユダヤ的な市長(肉屋)を選出した。そのように行政のトップを手中に収めると、二月十四日決起し、市内のユダヤ人一八八四人を捕らえ、改宗を迫ったのである。結局、彼らは改宗に応じなかった約九〇〇人を共同墓地に掘った大穴に放り込み、焼殺した。そのなかには、女性も子どもも含まれていた。

それが中世史上名高いストラスブールのユダヤ人虐殺事件(ホロコースト)である。改宗に応じたユダヤ人たちも命こそ助かったが、日中しか市内に残留できないなど不自由な生活を送らねばならなかった。

その後の迫害

迫害は一三四九年中吹き荒れた。黒死病の到達より四~五カ月、早い場合は半年から一年も先行して、迫害が生じた。一月、フライブルクでユダヤ人焼殺事件が生じたのを皮切りに、あとは連続的である。シュパイアーでは、ユダヤ人が洗礼の強制をきらってシナゴーグ(ユダヤ教会)に閉じこもり、自分の家に火を放った。その遺体は、ブドウ酒樽に詰められ、ライン川に放り込まれた。異臭を放って空気を汚染させることをきらったためである。ヴォルムスでは、ユダヤ人街が焼打ちに遭い、四〇〇人の住民が殺害された。七月、フランクフルトでは、ユダヤ人は自分の家に火を放った。その火は飛び火して、広大な市街地を焼きつくした。八月、マインツでは、一部のユダヤ人が武器を手に抵抗したが、結局は虐殺されるか、自分の家に火を放って自殺した。

そうしたドイツにおける迫害はクラウス・ベルクドルトによると、シュトゥットガルト、ランツベルク、アウクスブルク、メミンゲンなどを初期段階の現場とするならば、メスキルヒ、フェルトキルヒ、シュパイアーなどが第二段階のそれであり、ヴァンゲン、シャフハウゼン、ザンクト・ガレンがそれらに続き、さらにコンスタンツ、バーデン、ケルン、キーブルクと連なった。どこでも、民衆がユダヤ人を求めて行動を起こすと、行政当局は及び腰になり、彼らの前に屈してしまった。殺されたユダヤ人からの借金は棒引きになった。資産は当局の没収するところとなった。かくして、一三五一年までに、六〇の大きなユダヤ人社会と一五〇の小さな社会が壊滅させられたのであった。

生き残ったユダヤ人は命からがら脱出するか、重税や規制を覚悟のうえでもとの都市へ戻るしかなかった。そうしたなかで、ユダヤ人保護に徹し、迫害を最小限度に食い止めたのはオーストリア大公のアルブレヒト二世とポーランド国王のカジミエシ三世大王だけであった。二人のお膝元ウィーンとワルシャワでは虐殺は生じなかった。そのため、ユダヤ人はそうした英邁《えいまい》な君主のもとに保護を求めて集まってもいる。さらにその後、彼らの一部が落ち着いた先はポーランドからウクライナまでの東ヨーロッパで、新しいユダヤ人社会を構築した。その子孫こそ、やがて二十世紀にナチス・ドイツによる迫害の対象となったのであった。

鞭打ち苦行団

黒死病への不安と恐怖は他方で人の内面へ浸透し、内省をもたらした。それは自己の肉体を痛めつけてひたすら神の許しを求め、陶酔して無我の境地に達するのであった。ジャン・フロワサールの『年代記』によると、

主の年の一三四九年に、鞭打ち苦行者が活動を始めた。まず、彼らはドイツから出てきた。彼らは公開の場で苦行をおこない、鉄の釘や針を仕込んだ鞭で自分の身体を打ち、背中と肩にひっかき傷を負った人びとであった。彼らは主の降誕と苦しみについて詠じた。規則によると、彼らはどこでもひと晩しか泊まってはならなかった。彼らは多数の集団をなしてそこから出発した。こうして、彼らは諸国を股にかけて旅し、イエス・キリストが地上で過ごした年月になぞらえて、三三日半のあいだ苦行をおこなったのであった。[54]

この言説は事実に照らし、生じた年代と出発地以外は正確である。実際には、一三四八年八月、イタリアのヴェネツィアから出発した鞭打ち苦行団が最初であったように思われる。彼らは口々に神の許しを乞い、反省の意志を表明する。それだけなら、一二六〇年以来、聖職者たちに先導され、キリストの苦悩を理解し、人間の犯した罪の浄化を目的に練り歩いた鞭打ち苦行者一行と変わりはない。しかし、今回の苦行団は目的が違っていた。目的がもっと絞られていて、フロワサールによると「この苦行は怒りをこらえ、禍を中止してくださるようにと主に祈るため、申し訳ないという気持ちから始められた[55]」のである。苦行団は一〇〇人程で、都市や農村を移動し、上半身裸になって、教会前の広場に集まった。そこで、彼らは

自分の身を鞭で打って血を流し、神への謝罪を繰り返した。そうした苦行をドイツの『世界年代記』は一層具体的に説明している。

各自の鞭は一種の棒で、その端から大きな結び目のついた三本の革ひもがぶら下がっていた。その革ひもには、金属製の針状の棘《とげ》が結び目の中心からでていて、十文字形をなしていた。棘は小麦の粒くらいかそこらの長さで、結び目の外にでていた。この鞭で苦行者たちはむきだしの肌を打ったのであった。[56]

そうした鞭で自分の身を打った人びとは鞭打ち苦行団と呼ばれた。その運動は一三四九年初頭には、オーストリア、ハンガリー、ポーランドに拡大し、やがてはデンマーク、スウェーデン、ドイツ、フランドル、フランスに浸透し、さらにはイギリスにも及んだ。ヨハネス・ノールによると、ハンガリー出身の巨人の女性たちがドイツへやってきて公然と衣服を脱ぎ、奇妙な節まわしの歌を歌ってわが身を鞭打ったのだった。苦行者は移動の途中で新たな参加者を加え、組織、規律、服装まで充実させていた。運動は黒死病の流行が始まってから、それを追うかたちで移動を始めたが、やがてユダヤ人迫害と同様に、流行と並行したり先行したりして移動した。結局、一三四九年のクリスマスには、フランドルと北フランスだけで苦行団の参加者は八〇万人に達したといわれている。

苦行団へ参加する規則ができた。それを要約してみると、⑴妻と聴罪司祭の同意を得ること、⑵すべての義務を果たし、借金を返済すること、⑶苦行団の規律に服すること、⑷三三日と半日のあいだ苦行することなどであった。

図5　鞭打ち苦行団の行進(14世紀の木版画)

以上の規則からみると、参加者は原則として男性だが、例外的には女性も参加し、男性のあとについて移動した(絵画には描かれている)。服装は頭巾付きの外套が制服に定められた。

苦行者は移動するため毎晩別の家でもてなしを受ける。しかし、その際に、女性と話をしたり、女性から施しを受けてはならなかった。食べ物も肉抜きで、金曜日には断食(一日一回の軽い食事)をしなければならなかった。彼らは食前食後に跪《ひざまず》いて主禱文《しゅとうぶん》と天使祝詞《てんしのりと》を五回唱え、出発に際してはそれらを一五回唱えなければならなかった。苦行団は都市や農村に入るときは二列に並び、先頭には旗や十字架をかざした。教会や大聖堂に到着すると、広場で円陣をつくり、靴を脱ぎ、上着を脱ぎ、地面にひれ伏す。苦行者はとる姿勢の違いでどのような罪を犯したか明らかになる。まず、苦行団の団長(親方と呼ばれた)が苦行者仲間を鞭打ち、それが終わると各苦行者は自分を鞭打ち、声を出して許しを求めるのであった。儀式の終了に際し、団長が声を張り上げてある文書を読み上げる。それは神の手で書かれ、一三四三年にイェルサレムの聖墳墓教会の祭壇に置かれていたとされている「天国からの手紙」であった。それは悪しき人間に対する神の警告であり、深刻な反省を迫る内容であった。

苦行団の構成員には、多くの民衆がいたが、貴族や都市のブルジョワジーは少数であった。最初は先述のように南から始まったが、ドイツ、フランドルなど北から移動することが少なくなかった。そのようなかで、二つの苦行団が耳目を集めた。ひとつは一三四九年七月ドイツを出発した苦行団、もうひとつは四九年九月フランドルを出発したそれである。前者はストラスブールを経由して教皇庁の所在地であるアヴィニョンへ向かい、後者はリールを経由してランスへ近づいた。前者はアヴィニョンまで到達したが、後者はランス以上南へは進めなかった。狂信的行為のため、彼らは行く先々の市民に恐れられ、協力を得られなくなったからであった。

かくして、苦行団自体が衰退の原因をつくったが、教皇庁もまた苦行団に問題を感じ始めた。それは苦行団が教会の規律に服従せず、しだいに異端的な性格をもち始めていたからである。たとえば、苦行団はミサに出席せず、聖職者の指示に服さず、ラテン語で歌わず、カトリックの正統性を強調するあまり、ユダヤ人迫害に走りもしたのであった。さらに、たとえば、一三四九年五月、ある苦行団はフランクフルトへ到着するや、まずユダヤ人街を襲撃し、大量虐殺の事件を起こしたのであった。

そうした問題に対処するため、一三四九年十月二十日、教皇クレメンス六世は大勅書を発した。それは正式に苦行団を非難し、各司教が苦行団に断固たる措置をとり、苦行者の移動を禁止できるようにしたことにある。ところが、その後も苦行団の移動があり、アヴィニョンへもくることがあったので、教皇はフランス国王へ協力を依頼した。そこで実現したのが、一三五〇年二月十三日のフィリップ六世による苦行団の国内からの追放令であった。その結果、鞭打ち苦行団の運動はその登場と同じくらい唐突に終息することになった。

第四章　黒死病の原因論

黒死病の症状

　ペストの一般的な症状については序章で明らかにしたが、ここで黒死病の症状についてみておこう。たとえば、シチリア島を襲った一三四七年の症状について、ピアッツァは『シチリア年代記』のなかで、次のように述べている。

　人間を打ちのめすこの衝撃的な病気は、息を吸うだけで感染し、さらに一種の興奮状態に陥れ、股《もも》や腕に豆位の大きさの腫れ物を引き起こした。それは身体をあまりにひどく侵したために罹病《りびょう》者は激しく咳き込んで血を吐いた。そして三日間絶え間なく嘔吐し続け（これには手の施しようがなかった）、死んでいった。そしてその罹病者だけでなく罹病者と話した人も、さらに罹病者の持ち物を手に入れたり、触ったり、つかんだ人も死んでいった。[57]

それをさらに正確に描写したのが、作家のボッカッチョであった。彼は小説『デカメロン』のなかで、フィレンツェに流行した黒死病の症状を次のように述べている。やや長くなるが、引用してみよう。

それは……罹病の初期に、男も女も同じように、股のつけねか腋の下にこわばった腫瘍《しゅよう》ができて、その内のあるものは普通の林檎ぐらいに、他のものは鶏卵ぐらい大きくなり、また、あるものはその数が多く、他のものは少ないのです。しもじもではこれをペストの腫瘍とよんでおりました。……こうなってからあとは、その病気は、黒色か鉛色の斑点にかわりだしました。その斑点は、たいていの者には両腋だの、両肢だの、からだじゅういたるところにあらわれてくるのですが、人によっては形が大きくて数が少なく、またある者には形は小さいが、数が多いといったありさまでした[58]。

そこまで詳細に描写されれば、腺ペストの症状であることは歴然としている。それを診察し要約したのが、ショリアクである。彼は一三六三年に完成し、四世紀近く読み継がれた医書『大外科学』で、「連続的な高熱と腫脹《しゅちょう》があらわれた。腫脹はとくに腋の下と鼠径部《そけいぶ》にあらわれた。患者は五日で死んだ[59]」としている。簡潔な描写でそれとわかるように指摘しているが、彼は肺ペストの存在にも気づいていて、「それは二カ月間続き、熱の持続と喀血《かっけつ》を特色とし、発病後三日以内に死亡した[60]」と記している。

このような黒死病流行の原因は何によるのであろうか。ひとつの前提は中世当時、黒死病が必ずしも伝染力のある病気だと理解されていなかったことにある。そのような理解は一部でその後も十八世紀まで続くのである。したがって、中世以来人があげる黒死病の原因は生体の機能上に障害をもたらす生理的な原因より、今日の水準でみれば著しく合理性を欠く別の原因、要するに、人間のモラルであったり、森羅万《しんらばん》象《しょう》であったりした。

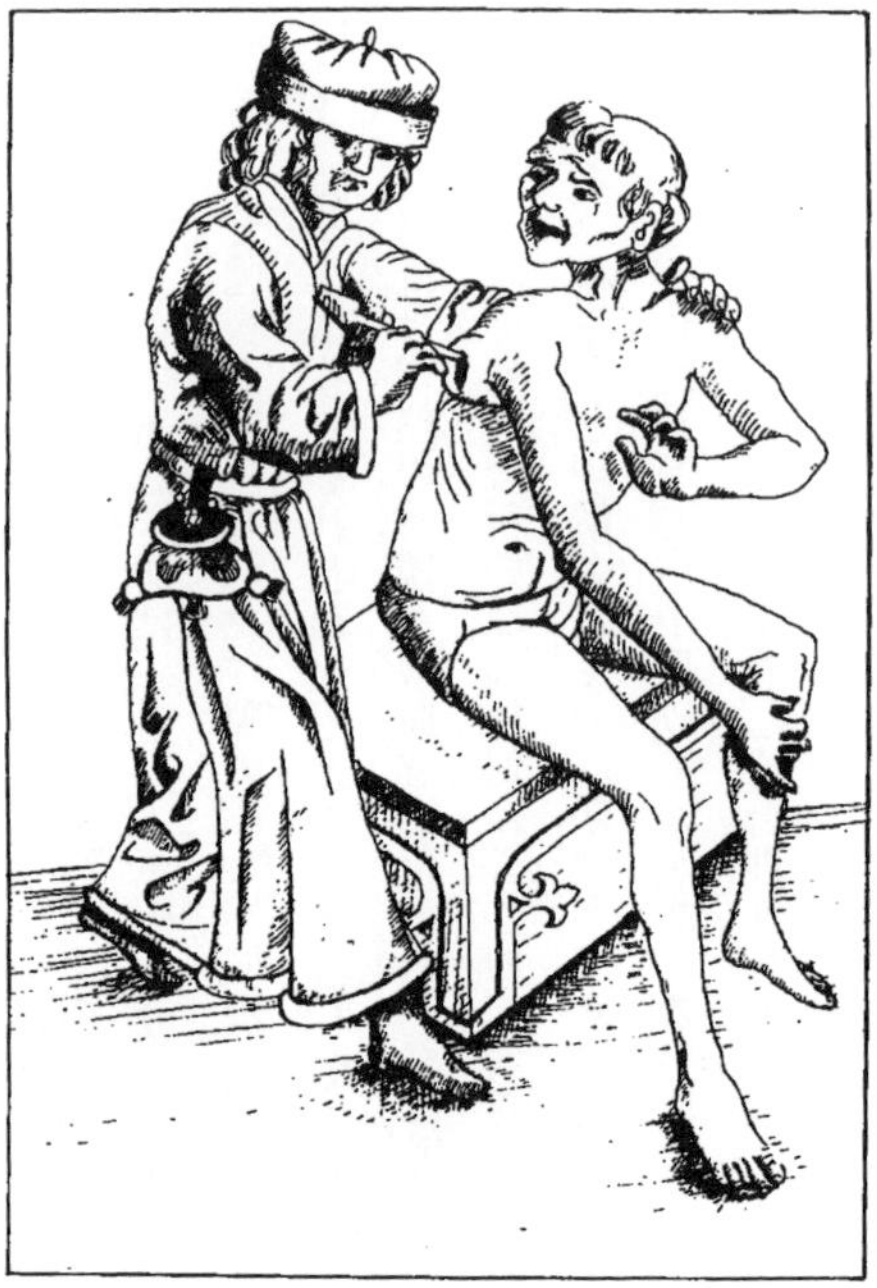

図6　リンパ節腫を切開する医師（15世紀の木版画）

ところで、信仰心に篤く、不条理を信じやすい中世とその後の世界では、原因を考える場合、その前兆として指摘されるのが、暴風雨、火柱さらに彗星《すいせい》の出現、地震の発生という自然現象であった。グレゴリウスは『歴史十巻』のなかで彗星の出現を二度指摘しているが、大都市の流行に際してはしばしば観察されている。一三四八年八月、パリで彗星が見られた直後黒死病の流行が始まった。ヴネットの『フランス年代記』には次のようにある。

八月に、パリ市上空に西側から上る星が見られた。それは非常に大きく大変明るい。晩課のときがすぎると、地平線上になおでていた太陽は沈もうとしていた。……結局、夜になると、われわれの面前でおどろいたことに、この大きな星はいく条かの光に分かれた。そして光はパリと東方へ広がり、やがて全てが消滅した。[61]

そうした観察はその後も繰り返しおこなわれる。ウォルター・ジョージ・ベルによると、一六六四年十二月のロンドンのある夜ふけ、市民は新しい燃えるような星(彗星)を見るために起き上がった。国王チャールズ二世と妃もホワイトホール宮の窓からそれをながめた。新しい星は東のあたりからのぼり、午前二時から三時のあいだに南西の地平線に没した。それは一〜二週間でなくなった。それについて、目撃情報はウィーンやエルフルトからも寄せられた。人びとはその彗星に不吉な予感をいだき、翌年の大ペストの流行と結びつけられ、のちに前兆とされた。イギリス海軍省次官にして『サミュエル・ピープスの日記』の作者サミュエル・ピープスは一六六四年十二月十七日の項に次のように書いている。

夜に見える今度のほうき星について、噂はさかんである。国王と王妃は昨夜これを見るために起きておられて、ご覧になったらしい。そして今夜わたしもそうしようと思ったのだが、曇り空で、星は一つも出なかった。でも今後も努力はしよう。[62]

地震の発生も注目を集めていた。たとえば、一三四八年一月二十五日、バーゼル近郊を震源地とする大地震が中部ヨーロッパを襲った。トレントの場合について、ジョヴァンニ・ダ・パルマの『年代記』は次のように述べている。

最初微震が起き、それからほとんど休まずにすぐに再び非常に激しい地震が発生した。そのため教会の洗礼盤の中の水が外にあふれ出てしまった。またサンタ・マリア教会の鐘楼が大きく傾いて、そのなかの鐘がひとりでに鳴りだした。また、館《パラッツォ》のたくさんの軒蛇腹《コーニス》が倒れた。また家々も倒れてしまった。また、この地震は、アヴェ・マリアの聖句をゆっくり六回繰り返し唱えることができる位に長い時間揺れ続けた[63]。

そのときヴェローナでペトラルカは同じ地震を体験したが、中部ヨーロッパの至るところで、オーストリアやドイツにも被害をもたらし、災いの前兆と受け取られたのであった。やがて災いが黒死病と判明すると、それ以来、黒死病の流行の前には大地震が生ずると、人びとはいうようになったのである。

さて、いよいよ原因説に移ろう。考えられるのは神罰説、占星術的原因説、大気腐敗説、異常気象説、大異変説、毒物投入説、微生物説の七説である。

神罰説と占星術的原因説

それはもっとも早くから指摘された原因説である。信心深い時代には、何か大きな事象が生じると、人はとかく神の仕業と思いがちであった。黒死病がヨーロッパにもたらされたばかりの一三五〇年頃書かれたムッシスの『疫病の歴史』は早くもこう述べている。

種々の邪悪の泥沼にまみれて、無数の悪徳を追い求めている罪深い人間に対して、今や神の罰が下された。疫病は人類を容赦なく傷つけ、急死の矢で滅ぼす。人間よ、嘆き悲しめ。そして神の慈悲を乞い求めよ[64]。

それは神罰説のもっとも早い表明である。それ以来、黒死病は神の下された懲罰という考え方が年代記のなかばかりでなく、無数の人びとの手記、書簡、小説のなかで繰り返された。当時の医師がもつ知識では黒死病にまったく対処することができず、そのため、教会人や大学人など多くの人びとが人智を超えた神のなせる業と解釈したからである。実際、それは何事も人間のモラルと結びつけて考えがちな中世人に受け入れられやすい説明であった。ペトラルカは一三六七年の『ジェノヴァ大司教宛書簡』のなかで、

> これは、私の間違いでなければ、罪を繰り返す人間に対する神の怒りのしるしなのである。もし人間が罪を犯すことをやめるならば、神の処罰は少なくなるか、もっと穏やかなものになっていくことだろう。[65]

と記している。ペトラルカの言説には淡い期待が込められているが、その後も多くの人びとによって近世まで繰り返し説かれることになった。

占星術とは天体上に生じるさまざまな現象から人の運命を占うもので、天体上に生じた現象が地上の人類に大きな不幸をもたらすという。黒死病の発生も流行も惑星の合《ごう》(地球から見て太陽と惑星が同じ方向に重なること)が生じたり、日食や月食が生じたためとされた。そうした考え方が典型的にあらわれたのが一三四八年パリでフランス国王フィリップ六世の問合せに応じたパリ大学医学部の医師たちの回答であった。それによると、上位でかつ天空の第一原因は一三四五年三月二十日、宝瓶宮《ほうへいきゅう》一四度の位置で生じる三つの外惑星の合、次いで不吉な惑星である火星が一三四七年十月六日獅子宮の位置に入り、龍宮の頭部と接触したことによる、というのである。その場合の合や接触は地上に有毒な蒸気を生じさせ、黒死病を

発生させたという。

しかし、惑星の運動と黒死病との因果関係は説明されないままになるのであるが、そうした考え方はその後も踏襲される。たとえば、一三五〇年、リエージュ大聖堂の参事会員シモン・ド・コヴィノはパリで出版したラテン語詩のなかで、土星と木星の合が黒死病をもたらした、としているし、一三九〇年、ウィーンでは、惑星の不吉な合がペストを発生させた、というし、十五世紀のメランヒトンは土星が特定の位置にくるに及んで、ヴィッテンベルクのペスト流行が激化した、としている。さらには、一六七九年にもなお、ウィーン大学医学部長ポール・ソルベは惑星の合がペストを発生させたと非難していた。その他、日食、月食も原因の例はあるが、その後十八世紀になると、さすがに占星術的原因説はしだいに色あせていく。

大気腐敗説、異常気象説、大異変説

先の国王の問合せに応じたパリ大学医学部の回答では、第二の原因として瘴気《しょうき》(熱病を生じさせる悪性のガス)による大気の腐敗があげられる。なぜ大気は腐敗するのだろうか。人間や動物の死体は腐敗すると有毒ガスを発生させる。穴蔵、船倉、古井戸などのなかにはよどんだ空気から有毒ガスが発生する。さらに、地震によって生じた地表の地割れ部分や噴火する火山からは有毒ガスが噴出する。それらが大気全体と混じり合い、大気を腐敗させ、黒死病をもたらす、というのである。詩人のオリヴィエ・ド・ラ・エは『一三四八年の大ペスト詩集』のなかで、

ちょくちょくと
三大危難があらわれて
はやっていくのが見てとれる
……
ひとつ危難はペストにて
大気の腐敗によっている
……[66]

と大気腐敗説をとっている。占星術的原因説のかたわら同じ考え方にも立つのはペルージャの医師ジェンティーレ・ダ・フォリニョ、アヴィニョンの教皇侍医ショリアク、同じくシャラン・ド・ヴィナリオ、アルメリーアのアラブ人医師イブン・ハーティマーらであった。

しかし、大気腐敗説には早くから疑義も生じていた。一三八三年、フィレンツェ書記官長サルターティはその著『都市からの逃亡について』のなかで、

今回フィレンツェで見たことだが、市壁の外側では疫病が猖獗《しょうけつ》を極めていたのに、市壁のなかに入ると、誰も疫病にかかっていなかった。ピサでは、市壁のなかでは人々は病気に侵され始めていたのに、市門の外に出ると、健康そのものであった。市壁の内も外も同じ大気のもとにあるのだから、大気の腐敗を疫病の原因とする医者の見方には疑問がある。[67]

と明快に指摘している。そのため大気腐敗説はそれに代わる有力な原因説がでてこなかったためあえて反

対されなかっただけであった。やがて、十六世紀中頃、劇的な変化が生じる。一五五五年、パードヴァで、イタリア人バシアーノ・ランディが大気の腐敗なるものを実験し、病気は伝染性でつねに感染地から旅行者によってもたらされる、と実証したのであった。その結果、大気は流行病の出現と関係がないと断定された。

異常気象説は一連の気象の特色、多雨、霧、雹《ひょう》、稲妻、強風（とくに南寄りの強風）、日照などの異常な気象が黒死病をもたらすというものである。リュスネによると、パリの医師たちは黒死病の原因のひとつを次のように説明した。

　太陽の熱が強力に大西洋に影響を与えたため、急な潮の流れに近いものをひき起こしたし、水分は蒸気に変わって空中に浮遊したままになった。これらの蒸気が大気中をただよい、濃霧となって地球のいくつかの地域を覆った。[68]

なかにはフランスのブレス地方のように、大洪水が生じ、田畑を荒廃させたし、反対に旱魃《かんばつ》が生じ、イナゴの大群を発生させた。そうした気象が黒死病を生じさせたという。さらに、雷雨と暴風雨も黒死病をもたらしたとみなされ、先のパリ大学医学部の回答でも、雷雨の増加を原因のなかにあげている。

一方で黒死病は地中にあると考える大異変説も唱えられた。黒死病が地中にあるため、それを避けてミミズとヘビが地中からでてくるし、鳥は地面に触れたり近づくのを避けて空を飛ぶ、としている。それは医師マルシリオ・フィチーノや予言者のノストラダムスなどに認められている。十六世紀の外科医アンブロワーズ・パレは山中の大きな亀裂から悪い蒸気と一緒にペストがでてくるとみている。そうした考え方は神罰説以外決め手になる原因説がないなかにあって、異常気象説などと一緒にして複合的な原因のひとつにあげられている。

毒物投入説と微生物説

毒物投入説は、すでにユダヤ人迫害との関連で紹介した通りである。共同井戸、水源地に毒物を投入し、それが黒死病を生じさせたとするものである。その考え方はモンプリエ在住のスペイン人医師アロンソ・デ・コルドバやドイツ人医師ヨハネス・ハーケにみられる。

また、毒物投入とは異なるものの、ペストを発生させると思われた「ペスト塗り」も指摘しておこう。それは黒死病期からイタリアで問題視されてきた行為で、毒物を建物や食物に擦りつけたり、散布することである。それは故意に感染を拡大させ、人を殺害することであるから、危険視された。そのため、流行のたびに原因として「ペスト塗り」の流言が飛び交い、ペスト塗りをした人の追及、「ペスト塗り」狩りがおこなわれた。時代的には中世よりも近世、十七世紀に多く、ミラノ、ボローニャ、フィレンツェ、ナポリなど大都市の事件が目立っている。実際、通報・密告などにより、事件が明るみにでて被疑者が逮捕され、刑事裁判がおこなわれた。有罪になると、死刑の判決がでている。

最後に十六世紀になって、現代医学の突き止めた原因にもっとも近い考え方があらわれた。それは微小な生物がペストの原因であるという考え方である。イタリアの詩人にして医師のジローラモ・フラカストーロがそれに貢献した。一五四六年、彼は『伝染および伝染病と治療について』で、「流行病はわれわれが知覚不能な微粒子によってはやる」としたのである。やがて、ドイツのイエズス会士アタナシウス・キルヒャーに至って具体的になる。一六五六年、彼はローマで流行したペストを観察して、目に見えない微小動物が原因だと信じて、伝染性生物の存在を指摘した。その後、同時代のオランダ人ディーマブレックやイタリア人のパオリーニがそれを支持したが、大半の医師は古い考え方を支持して譲らなかった。しかし、十八世紀に入ると、状況は変化した。一七二〇年に生じたマルセイユのペスト流行時に原因をめぐる論争でJ・B・ベルトランらの医師が、また二一年、チューリヒの医師ヨハン・ムーラルトが伝染性生物を支持して既存の原因説と対立した。さらにそれにランサン、ヴェリジエーリ、レイマーといった新手の支持者が加わり、一七五一年にはスウェーデンの有名な植物学者で医師カール・リンネも加わった。そのため、伝染性生物は十八世紀には広く意識されるようになり、あとはペスト菌の発見を待つばかりになったのであった。

第五章　黒死病による人口減少

ヨーロッパ全体

　黒死病の流行により、どのくらいの犠牲者がでたのであろうか。人口上の損失の計算は流行と同時代からすでになされている。たとえば、一三五一年教皇クレメンス六世の代理人はキリスト教ヨーロッパにおける黒死病の犠牲者を二三八四万人とみたという。また、ショリアクはその著『大外科学』のなかで、四分の一しか残らなかった、と書いた。なかでも、もっとも有名になり、後世に影響を与えたのはフロワサールの書いた『年代記』である。そこでは犠牲者について、「なぜなら、流行病と呼ばれる病気が当時世界中に広まっていて、それで世界の三分の一の人びとが死んだからであった[69]」と記している。その文章のなかの「三分の一の人びと」が、その後前後から切り離されてひとり歩きをして、ほかの年代記から現代の中世史の概説書に至るまで記載され、一般的知識になったのであった。しかし、無論のこと、それらの数値や比率にはなんら合理的な根拠はなく主観によっている。そのため、今日ではフロワサールによる

「三分の一の人びと」は一応否定され、但し書付きでなければ言及されない。

それでは今日の研究者はどうみているのか。荘園や都市を例にした死者の数値や比率は実証研究によって明らかにされているが、地方や国といった規模のそれになると、多くの研究者は慎重になって具体的には言及しない。そうしたなかでわずかにアメリカのゴットフリートがさまざまな今日の研究を基礎にロシアを除くヨーロッパ全土について死亡率を表示している。また、ベネディクトヴは最近の成果や地方史的な成果を基礎に、イタリア、フランス、ナバラ、イングランドについてのみ比率を表示している。いずれにしても、参考の域をでないことを指摘しておこう。

それではゴットフリートはどうか。彼はヨーロッパ全土の死亡率を二五～四五％のあいだとする。それはショリアクとフロワサールの指摘した比率を含む範囲である。それに対し、ベネディクトヴは黒死病当時のヨーロッパの総人口を約八〇〇〇万、黒死病の死者を約五〇〇〇万人とする。それを比率にすると六二・五％という高い死亡率になる。

他方、人口史家のJ・C・ラッスルは黒死病期の人口を大きなスパンで捉えている。それによると、人口は一三四〇年に七三五〇万であったが、五〇年には五〇〇〇万へと減少したという。減少率は全体で三二％である。無論それだけの長期的なスパンで捉えるとなると、その間には、黒死病による減少だけでなく、その後のペストによる減少、飢饉、戦争による減少、それに人口の自然の増減などを考慮しなければならない。したがって、人口が十四～十五世紀に推移したありさまを考えるのには有効であるが、直接的減少を知るうえでは役に立たない。

イタリア

黒死病の流行はイタリアではすでに述べたように南イタリアのシチリア島から始まった。それはメッシーナから一カ月で全島へ広がり、全人口の三分の一を犠牲にしたとされる。一三四七年十二月までに、流行は南イタリアと南ヨーロッパの大部分に及んだ。イタリア半島では商業活動が盛んであったから、黒死病は多数の港湾から侵入した。おもな侵入地点はジェノヴァ、ピーサとヴェネツィアであった。ジェノヴァは人口約一〇万であったが、三〇～四〇％の減少をきたした。ピーサは人口約四万で、同様に三〇～四〇％の減少をきたした。流行はそこから内陸へ向かう。最初に打撃を受けたのはトスカーナ地方のプラートであった。そこは人口一万から一万五〇〇〇を擁する市場町だが、ある富裕な商人、フランチェスコ・ディ・マルコ・ダティーニの公証人記録によると、黒死病の死亡率は四〇％（以下、カッコ内はベネディクトヴの挙示する死亡率。約四二・五～四五％）であった。同様の市場町であったピストイアでも死亡率は四〇％であった。それが人口の多いフィレンツェ、シエーナになると事情が違ってくる。もはや両都市に黒死病が及ぶ頃には、流行は最盛期を迎えていたから、その分だけ犠牲者は多かった。フィレンツェは人口約一〇万人中の四五～七五％（約六〇％）を、シエーナは五万人以上中の約五〇％（約六〇％）をそれぞれ失ったものと思われる。ベネディクトヴによると、トスカーナ地方全体では、死亡率は五〇～六〇％であったと推測されている。

他方、ヴェネツィアと北イタリアの諸都市についても注目しなければならない。ヴェネツィアはヨーロッパきっての経済都市であり、最大の貿易国家であった。人口は一二万から一五万を数えた。そのヴェネツィアには、カッファから来航したガレー船が黒死病をもたらしたと推定される。流行は一三四八年の冬から翌年の春にかけて猛威をふるい、一日に六〇〇〇人近くの犠牲者を出した。ヴェネツィアは行政当局が有能で記録の保存状態がよく、公式の数値がイタリアのどの都市よりも正確であったため、一三四七年十二月に始まる一八カ月間に総人口の六〇%が死亡したとみられている。

ボローニャは人口三万五〇〇〇から五万の教皇領内の都市で、交通の要衝にあり、農産物の集散地としても、学芸の本拠地としても有名であった。軍役の登録者数などから推定して、ベネディクトヴは死亡率を少なくとも四〇～四五%であったとみている。

ミラノはロンバルディーア平野最大の都市で、陸路による北ヨーロッパとの交易の大半を支配した。人口も約一〇万であった。そこはほかの都市と統治形態が異なり、ヴィスコンティ家の専制政治であった。黒死病の情報を入手するや、ヴィスコンティ家の行政当局は迅速に行動し、強引なまでの隔離策をとった。そのため、死亡率はいちじるしく低いままに押さえ込むことに成功した。ミラノの死亡率は一五%以下とみられる。それはアルプス山間部の二、三の村を別にすれば、おそらくイタリアきっての低い数値であったものと思われる。

結局、イタリア全体では、控え目の数値をとれば、死亡率は約三三%、多数の研究者のみるところでは四〇か五〇%(五〇～六〇%)に達したものと思われる。

フランス

黒死病がフランスへ最初に上陸したのはマルセイユであった。そこでは、住民の五分の四が死亡したとされる。それはさすがに誇張がすぎるとしても、一部肺ペストの流行の疑いもあり、かなりの死者がでたのは確実で五〇~六〇％の死亡率とみられている。黒死病はそこから周辺部へ拡大したが、プロヴァンス地方の中小都市や農村ではかなりの人口上の減少がでたように思われる。それは黒死病の流行前と流行後の年に実施された世帯数の調査を比較すると明らかである。表1は一三四〇年の調査による世帯数が、黒死病の流行をはさんで次の調査のとき、どの程度減少したか、減少率をみるものである。判明する限りでは、エクスは人口約六〇〇〇、グラースは五四〇〇だが、ほかは小さい。減少率はすべて死亡とみるのは早計で、逃亡・避難も考慮に入れるべきであろう。減少率が六〇％台はいわば住民の三分の二がいなくなったことを意味する。エクス、グラースといった中都市は住民の半分近くを失っていることになる。そこでの都市と農村の区別の目安は二五〇世帯、人口一〇〇〇である。

次に黒死病は教皇のお膝元、アヴィニョンへ向かう。それは一三四八年一月に到達し、二月から五月には一日当り四〇〇人までの人が死亡した。アヴィニョン全体で死亡率は五〇％を超えたものと思われる。

さて黒死病はアヴィニョンから二手に分かれる。ひとつはラングドック地方へ侵攻した。モンプリエは人口約四万の半数を失う。ナルボンヌは人口二万五〇〇〇から三万のうち、一万七〇〇〇人を失った。黒死病の主流はそこからトゥルーズへ向かい、人口の約四〇％を奪う。その支流はナルボンヌから海路ペルピニャンへ向かう。ピレネー山脈と地中海にはさまれたペルピニャンは当時人口一万二〇〇〇から一万五

表1　プロヴァンス地方における世帯の減少率

地　名	1340年	1349年	1350年	1351年	1352年	1354年	1355年	1356年	%
エクス	1467							810	44.8
グラース	1360		738						45.8
アプト	925						444		52.0
リエ	680					213			68.7
ヴァランソル	660					226			65.8
ムスティエ	622					204			67.2
フォルカルキエ	600		281						53.2
ディニュ	444						260		41.5
リアン	300	213							29.0

Benedictow, O. J., *The Black Death 1346-1353, The Complete History*, Woodbridge, 2004, p. 311.

〇〇〇であった。死亡率を出すのに有効な史料はないとのことだが、職業によっては生残りの数が判明している。それによると、一二五人の公証人のうち四五人が生き残った。市の嘱託医九人のうちひとりだけが、外科医一八人のうち二人だけが生き残った。いずれも病気や遺言に関連した職業で患者に接することが多いので、感染の機会も多かったであろうが、いちじるしい死亡率といわねばならない。

　トゥルーズより内陸のアルビでは、一三四三年から五七年までに、納税者数は一万から五〇〇〇人へと半減し、ベネディクトヴによると、死亡率は六〇％とされた。セヴェンヌ山地のガンジュでは、地区集会の選挙人は一三三九年の三〇〇余人から五〇年までに一四〇人以下へと減少した。かくして、ラングドック全体としては人口の約五〇％が黒死病の流行期に失われたのであった。流行はさらに拡大し、大西洋岸のボルドーへ達する。そこでは、十四世紀の初めの三分の一期に年七〇〇隻から一三〇〇隻が入港していたが、一三四九年から五〇年には、一四一隻が入港しただけであった。それは極端な物流の停滞を示している。また郊外のある村では、世帯(平均五人家族)は六四から九へ、人口は三二〇から四五へ減少したのであった。しかし、ボルドーから比較的近いピレネー山脈のフランス側ベアルンでは黒死病による減少はほとんどなかった。

もうひとつはアヴィニョンから各地に枝分れをしながら北上し、主流はリヨン地方へ入る。リヨンの流行について数値では必ずしも高くないが、確実な例がある。それは市内、サン＝ニジエ教区の場合である。そこでは、黒死病は一三四八年四月末に流行を始めたが、六月末になってもわずか二二人の埋葬ですんでいた。しかし、それはどうやら無料や後払いの埋葬料のために記載されていなかっただけで、のちにはそれも加えられた。その結果、成人の死者六〇〇～六五〇人と子どもの死者三〇〇～三五〇人、合計九〇〇～一〇〇〇人とされたのであった。それは教区人口の二五～三〇％に相当した。

黒死病はその後さらに北上する。一三四八年初夏、それはブルゴーニュ地方へ腰を据える。なかでもジヴリ村に注目しなければならない。そこの教区記録簿によると、一二四〇年には、人口は一二〇〇～一五〇〇で、一三三六年から四七年まで毎年平均して二八～二九人が死亡した。ところが、一三四八年、事態は一変した。七月、黒死病による最初の死者がでたが、それから一四週間に六一五人の死者を記録した。一日当りの最高は九月十日で、二四人が死亡した。その年一年間では、六四九人の死者になった。その年までの一三年間の全死者の二倍に相当した。文字通り大量死である。それは黒死病の死亡率がジヴリ村にとって約五〇％であることを示している。

その後、黒死病はパリへ達する。市内最大の教区サン＝ジェルマン＝ロクセロワでは、一三四九年春から五〇年春まで黒死病は激しく流行し、三〇八六人の死者を出している。十四世紀の初頭、その教区では、人口が三万と記録されたが、死者はその一〇分の一強にあたる。その比率をパリとその市外区フォーブール＝サン＝マルセルの六万一〇九八世帯で構成される三五の教区にあてはめるなら、パリで三万一〇〇〇人の死者がでたことになる。流行のピーク時には、毎日五〇〇〜八〇〇人の遺体が市立病院から聖イノサン墓地に運搬された。

パリから黒死病は中部、北部へ侵攻した。中部のポワトゥー地方では、人口が五〇％に減少した。セーヌ川下流のノルマンディー地方は約三〇％減少した。中心都市ルアンの、一三四七年当時の世帯数は六八二五世帯であったが、数年後には三一〇三しか残っていなかった。その市外区を構成する三三の共同体でも、世帯数は三三九五世帯から一五五四に減少している。北部ではアミアンの被害が大きかった。そこでは、一三四八年にはまだ犠牲者がでていなかったのに、四九年一月には一万七〇〇〇人の死者がみられた。東部のアルザス地方では、死者は三〇〜六〇％までのあいだを変動している。中心都市ストラスブールでは、死者は一万六〇〇〇人、コルマールでは、六〇〇〇人であった。

表2　黒死病による司教の死者数と死亡率

	1347年	1348年	1349年
死者数(人)	11	33	15
死亡率(%)	8.2	24.6	11.2

Biraben, J.-N., *Les hommes et la peste en France et dans les pays européens et méditerranéens*, Paris, 1975, t.1, p.182.

そうした人口上の減少を職業と地位からみるとどうなるのであろうか。聖職の司教をみてみる。現フランスの領域内にある一三司教区が対象になる(表2)。年度は一三四七年から四九年でみると、意外と少ないのに驚かされる。高位聖職者は俗世間の流行から隔離されていたのであろうか。

さらに、中央と地方の国王行政官は一四%、パリ高等法院司法官は三分の一が死亡した。都市行政官の犠牲はもっと大きかった。たとえば、モンプリエでは、一二人の市参事のうち一〇人、トゥルーズでは一二人の市参事のうち八人、ベジエとナルボンヌでは市参事全員が死亡した。

以上がフランス全体の人口上の減少の見取図である。それはベネディクトヴによると、総人口の約六〇%の減少であった。

なお、北フランスから黒死病はフランドル地方へ侵攻した。ヘント、ブリュージュ、イープル、ブリュッセル、そしてアントウェルペンといった都市は人口二万から六万を擁する織物工業の中心地であったが、黒死病の疾病率《しっぺい》は約二〇〜二五%にとどまった。スイスについてはほとんど情報がない。黒死病はフランスから侵攻したが、その人口上の減少についてゴットフリート、ビラバン、ベネディクトヴらは何も知見を提供しない。

イベリア半島

時期は異なるが、侵攻は三方面からであった。地中海側ではイタリアの商船から、大西洋側では陸路でフランスから、南側ではジブラルタル海峡を渡ってアフリカからであった。なかでも、マルセイユから商船によってマリョルカ島などを経由してバルセローナ、バレンシアの港へ侵入した事例がもっとも時期的に早かった。バルセローナは人口約五万、バレンシアは約三万で、いずれも三〇〜四〇%の死亡率であった。アラゴン、カタルーニャ、グラナダといった東海岸の諸地方はガリシア、ポルトガルといった大西洋岸の諸地方に比較すれば被害が大きく、疾病率は約三〇％であった。カスティリャは内陸にあって深刻な被害を受けなかったため、死亡率は二〇〜二五％であった。他方、北スペインのナバラ王国における死亡率はベネディクトヴによると、六〇〜六五％であった。租税収入の記録簿類から推定して、もっとも重大な被害はマリョルカ島の場合である。そこでは犠牲者が約三万人、総人口の八〇％に及んだという指摘もある。聖職者でみるとどうであろう。たとえば、半島には全部で五一の司教区があったが、一九人の司教が黒死病で死亡した。死亡率は三七・三％であった。

以上、ポルトガルについての情報はほとんど皆無ではあるが、半島全体をみると、イタリア、フランスに比較して軽微な被害ですんでいると思われる。

ブリテン諸島

黒死病は時間に差はあるがどの地方にもあらわれた。しかし、それまた指摘したように、イングランドは農村的で、人口の九〇％程度が一〇〇〇人以下の村落に住んでいた。そのため、黒死病の人口上の減少については村落や荘園をよくみる必要がある。

たとえば、西ミドランズ地方の穀倉地帯にあるカックスハム荘園をみてみる。それはオクスフォードの南一二マイル（約一九キロ）にある。荘園領主はオクスフォード大学のマートン学寮であった。荘園では一三一一年以来ロバート・オールダムが土地管理人を務めてきた。一三四九年三月、黒死病がカックスハムに流行し始めると、同月末彼は犠牲になり、息子のジョンが跡を継いだ。しかし、彼もまた四月に倒れる。

その跡は三番目の人が継ぐが六月、四番目の人は七月、五番目は一三五〇年七月、死亡したか、逃亡した。かくしてカックスハム荘園では、短期間に土地管理人が五人も交代した。いかに流行が激しく、農村でも猖獗《しょうけつ》を極めたかを示す証左でもある。

次に、同じ地方のヘイルズオーウェン荘園をみてみる。それはバーミンガムの南西にあり、カックスハム荘園から北西へ約六〇マイル(約九六キロ)離れている。それは約四〇〇〇ヘクタールからなる広大な教区であった。丘の多い地形で、中心になる市場を拠点に一二の集落が散在した村であった。一三四八年の記録によると、人口は約六七五である。そこへ、一三四九年五月、黒死病が到来し、春と夏に多くの犠牲者を出した。その結果、同年末までの保有農(男性)の死亡率はほぼ四六%であった。そうした高い死亡率はほかの村落にも共通する。同じ地方のウースタ司教区内の一五荘園における死亡率をまとめたのが表3

表3　ウースタ司教区内15荘園の死亡率

荘　園	死亡率(%)
アルヴチャーチ	43
アストン	80
バイベリ	76
ブロクリ	54
ブリードン	60
クリーヴ	35
ハンベリ	64
ハートルベリ	19
ヘンベリ	19
ケンプシ	50
リプル	55
トゥリディントン	45
ウィトストーンズ	21
ウィク	36
ウィズィントン	60
合　計	48

Benedictow, *op. cit.*, p.362.

表4　イングランド各地の荘園の死亡率

荘　園	州	死亡率(%)
カルストック	コーンウォル	62
クライムズランド	コーンウォル	42
司教領ウォールサム	ハンプシァ	65
コーハンプトン	ハンプシァ	54.5
ダウントン	ウィルトシァ	66
ブライトウェル	バークシァ	29
オウキントン	ケンブリッジシァ	70
ドライ・ドレイトゥン	ケンブリッジシァ	47
フィングリス	エセックス	63
ウォールシャム＝ル＝ウィロウズ	サフォーク	60
ヘイクフォードホール	ノーフォーク	50以上
ビリンガム	ダラム	55
ニュートンビューリ	ダラム	59
ウォルヴィストン	ダラム	41

Benedictow, *op. cit.*, p. 364.

である。

それをみると、最高の死亡率はアストンの八〇％、最低のそれはハートルベリとヘンベリの一九％、平均死亡率は四八％である。事例がミドランズに集中しているので、ベネディクトヴの作成した表から今度はほかの地方を選択して表にしたものが、表4である。地名から自明のように、それら一四カ所は東西南北に散在している。それをみると、最高の死亡率はオウキントンの七〇％、最低のそれはブライトウェルの二九％である。要するに、農村における損失には濃淡があっても、高い死亡率を示したということである。それに比べると、都市の犠牲者はやや少なかったように思われる。ブリストルはイングランド第二の都市で、人口一万から一万二〇〇〇であったが、死亡率は三五～四〇％であったし、内陸のオクスフォードでも同じ死亡率であった。ロンドンは人口約五万のイングランドきっての大都市であったが、死亡率においては三五～四〇％にとどまっている。

以上が村落と都市における損失であるが、職業と地位からみるとどうなるであろうか。イングランドの聖職者の死亡率をまとめたのが、表5である。それでみると、死亡率は四〇～五〇％台であったのが明らかになる。しかし、それが高い死亡率を意味するのか否かはフランスやイタリアの事例が明らかにされ、比較検討されないと解明されない。それと同様のことは都市部の聖職者の死亡率についてもいえる。エクセタでは一九の聖職禄付職位のうち一一の保有者が死亡し、死亡率五八％、ブリストルでは一八のうち一〇が死亡し、五五・六％、ヨークでは二一のうち一七が死亡し八一％であった。ブリテン諸島全体では司教区は六八あったが、一五人の司教が死亡した。死亡率は二二・一％であった。

結局、イングランド全体では、死亡率はどのくらいか。多くの研究者の主張によると、人口は黒死病の流行以前には約六〇〇万、中世末期には最小限にみて二〇〇万～二五〇万であった。減少率は二〇〇万の場合六六・六七％、二五〇万の場合五八・三三％である。その平均が六二・五％なので、ベネディクトヴはそれを総人口に対する死亡率としたのである。

表5　イングランドの聖職者の死亡率

司教区名	死亡率（％）
エクセタ	51.5
バース・アンド・ウェルズ	47.6
ウィンチェスタ	48.8
エリ	57/60
ノリッジ	48.8
ヘレフォード	43.2
リンカン	40.2
コヴェントリ／リッチフィールド	40.1
ヨーク	44.2

Benedictow, *op. cit.*, p. 356.

黒死病はスコットランドとアイルランドにも及んだ。前者では被害は軽微と伝えられているが、史料不足で損害についてはわからない。後者では黒死病は全島に及んでいて、死亡が少なくないと思われるが、史料不足でこれまた不明である。

オーストリアとドイツ

ドイツ語圏では農村の状況が明らかではなく、情報は都市に片寄りがちである。黒死病はイタリアからアルプス山脈を越えてドイツ、オーストリアへ達した。一三四八年六月、もっとも早期に黒死病が及んだミュールドルフでは、数カ月間に一四〇〇人の死者を出したが、バイエルン地方など南ドイツの状況はわからない。確実なのはウィーンで、ハンガリーから侵入した黒死病が一三四九年四月から大流行したことにある。死者の数は年代記によって一日二〇〇人から一二〇〇人までまちまちで決め手を欠くが、『ノイベルク修道院年代記』によると、住民の約三分の一だけが生き残ったという。

北ドイツと中部ドイツの都市部については断片的ながら職業上の状況が判明する。ブレーメンでは、市議会が死者のリストを作成したが、それによると、六九六六人が犠牲になった。人口が一万二〇〇〇から一万五〇〇〇しかいない同市では、それは死亡率が半分近くから五分の三を意味した。しかし、実際にはそれに未確認の貧民を加えねばならない。そうすると、七五〇〇人から八〇〇〇人になるのである。重要なハンザ同盟都市ハンブルクでは、三四人のパン屋の親方のうち一二人が、四〇人の肉屋のうち一八人が、五〇人の都市行政官のうち二七人が、二一人の市議会メンバーのうち一六人が死亡した。一番重要なハンザ同盟都市リューベックでは、三〇人の市議会メンバーのうち一一人が、五人の都市行政官のうち二人が、資産家全体の二七%が犠牲になった。その他、中小都市では、ヴィスマールが都市行政官の四二%を、リューネブルクが都市行政官の三六%を失った。そうした状況からゴットフリートは北ドイツでは死亡率を二五~三〇%としている。

さらに、中部ドイツでは、フランクフルトで一三四九年のある七二日間で、黒死病のために二〇〇〇人が犠牲になったし、リンブルクで二四〇〇人、マインツで六〇〇〇人、ミュンスターで一万一〇〇〇人、エルフルトで一万二〇〇〇人が死亡した。

そうしたなかで、例外的に黒死病による犠牲の少ないバイエルン地方のニュルンベルクは注目に値しよう。そこは近隣のヴュルツブルク、プラハなどと同様、最小限度の犠牲ですませることができた。ニュルンベルクはアルプスをはさんだイタリアとの交易の中継地のひとつで、十四世紀初頭には、人口が一万五〇〇〇から二万を数えたが、犠牲者は約一〇%ですんでいる。なぜ犠牲者を少数に押さえ込むことができたのか。ベネディクトヴはその理由として季節と天候をあげる。つまり、寒い季節と悪天候のため侵攻速度がにぶり、黒死病は停滞したからだという。しかし、ゴットフリートはその他の理由をあげる。それはニュルンベルクが公衆衛生に熱心であったからである。街路は舗装され、定期的に清掃されてごみひとつ落ちていなかった。豚の徘徊も許されず、市民は身ぎれいにしていた。多くの労働者の賃金に入浴料金が含まれていた。市内には一四の公衆浴場があり、厳しく管理されていた。市には専属の医師団がいて、民間には薬屋、外科医も少なくなかった。彼らの助言で、遺体は市壁の外へ埋葬されることになり、死者の衣服、寝台は焼却され、部屋は燻蒸《くんじょう》された。そうした徹底した対策により、黒死病の魔の手からニュルンベルクは免れることができた、という。南ヨーロッパの都市のように、黒死病の直撃を受けなくてすみ、侵攻までに十分時間的余裕があり、もともと公衆衛生の素地があったための勝利であった。

以上がドイツの状況である。死亡率はイタリア、フランス、ブリテン諸島に比べて低く、北ドイツの都市部で二五～三〇％であったとされるが、ケリーは近隣諸国のそれとほぼ同じとする。

オランダについても言及しておこう。情報は断片的でまとまりを欠く。そこでは都市化がある程度進んでいたが、ゴットフリートはホラント地方について人口の三〇～三五％の減少であったとする。しかし、ケリーは南部地方について死亡率が一五～二〇％であったとしている。

スカンディナヴィア諸国

半島には都市が少なく、農村的世界が広がっていた。黒死病は船でオスロとベルゲンから侵入したが、寒冷な気候のため肺炎の併発を容易にし、肺ペストを引き起こしていた。もっとも、ベネディクトヴはそれを否定し、腺ペストとしている。いずれにしても、ここでもまた情報は断片的である。わずかに、職業と地位で全体を見渡せる司教についてみてみる。ビラバンによると、スカンディナヴィア諸国には、ノルウェー、スウェーデン、デンマーク、フェロー諸島を合わせると、二二の司教区があった。黒死病は一三四九年四人、五〇年三人の司教を犠牲にした。死亡率は三一・八％であった。しかし、全体の人口に占める死亡率はもっと高く、スカンディナヴィア半島だけで、四五～五五％であった。

東ヨーロッパとロシア

東ヨーロッパとロシアについて情報は断片的である。明らかになっているのはバルト海沿岸部のドイツ騎士団領の一部だけである。そこではラーバル(現エストニアのタリン)で、都市行政官の二七%が黒死病で失われた。しかし、年代にすると、一三五一年あたりから、地域的にはポーランドの内陸から状況は皆目わからなくなる。年代記には黒死病への言及がなく、南ポーランド(小ポーランド、ガリツィア)に黒死病は及ばなかったと思われているが、それにもかかわらず、ゴットフリートは具体的事例を示さないままに、ポーランドがその人口の約四分の一を、ハンガリーが三分の一を失ったとする。全体としては、東ヨーロッパにおける黒死病の死亡率はおそらく二〇~二五%であった、としている。もっとも、確たる根拠もなしに死亡率を低くみる理由はいくつかある。

それは二点に収斂《しゅうれん》できよう。ひとつは東ヨーロッパの諸地方が西ヨーロッパに比較して人口稠密《ちゅうみつ》ではなかったことにある。それだけ伝染性が低かったのである。もうひとつは生態学上や環境上の相違の結果であること。その点のほうが理由としては決定的である。ペスト菌は二年半以上ヨーロッパ世界で流行しているあいだに突然変異を起こす活力を得て、比較的毒性(伝染性)の強くない形態へ変化し始めた可能性があるということだ。しかし、それにはひとつの例外があることを忘れてはならない。それはハンガリーの死亡率のみが突出して高いことにある。その原因はまさに生態学上・環境上のそれであって、ハンガリーの広大な平原にある。そこでは齧歯類《げっしるい》の動物が多く、宿主にどれでもなれて、ペスト菌には居心地がよかったからである。

さらに東のロシアではどうか。黒死病による死亡について信頼するにたる史料はない。年代記作者が黒死病を記録上最悪の疫病として扱い、都市も農村も見境なくひどく荒廃させたことで一致している点に注目すべきである。具体的比率こそ指摘できないが、ロシアでは他地方と同様に、黒死病は最大の人口上の災害であったのである。

第六章　黒死病の遺産

人の感性が生み出す変化

　黒死病の流行に苦しめられ、多数の肉親や友人、知人を奪われ、絶望の淵まで追い詰められた生残りの人びとは大きな喪失感を味わった。人はそれを何によって埋合せできようか。従来であるならば、それを担うのは信仰であった。ところが、その信仰が揺らぎ、十分埋合せができなかった。そのため、人は流行後の社会の日常では、物欲にかられ、けちになり、人と争い、わが手に独占しようと試み、他方では放縦な生活を送り、贅沢を躊躇《ちゅうちょ》せず、新たな刺激を求めていた。ヴネットは『フランス年代記』において、

　ああ、悲しいかな、このように世界が一新された後でさえも、この世界は少しも良い方向には変わらなかったのだ。その後、人びとは、以前よりもいっそう多くの財産を所有したにもかかわらず、ますます欲張りでけちになった。さらにまた、貪欲になった人びとは訴訟や口論や裁判沙汰でこころを乱すばかりであった。

神から放たれたこの種の恐るべき疫病が止んでから後も、諸国の王と領主の間には和睦は結ばれなかった。それどころかフランス王と教会に刃向かう敵対者どもは以前よりもいっそう強力かつ邪悪なものとなり、海や陸で戦争が引き起こされた。そして至るところで悪しきことが発生した。[70]

と述べている。流行から解放された結果はかくのごときものであったのだ。

イングランドをはじめヨーロッパ各地で若者や女性の服飾の変化が報告されている。それらによると、都市化の進展したイタリアなどでは飲食にふけり、酒宴を好み、贅沢にうつつを抜かす享楽的な生き方が一世を風靡《ふうび》した。その生き方に合わせて、色とりどりのけばけばしい服装がまかり通った。男女ともに体にフィットして体の輪郭が強調されるスタイルが中心になった。男性はぴったりとしたズボンと長い先のとがった靴をはいていた。女性はヘアピースをつけたり、襟ぐりが開いた、ときには胸もあらわな服装をしていた。さらに、毛皮も流行し、新たな規制が必要とされた。イングランドでは、一三六三年新法を制定して、最下層の労働者以外の人びとに、その年収に応じて毛皮の着用を許可したのであった。それは経済的上昇を志向させることになり、社会的野心を助長する法になった。

文芸上の変化

文学作品については後述するとして、注目すべきは絵画である。絵画の中心のひとつであったフィレンツェについてみると、人の感性が生み出す積極的な変化は期待に反して生じなかったことにある。アメリカの美術史家ミラード・ミースによると、フィレンツェでは、十四世紀前半期には黒死病の発生まではジヨットによる現世的・人文主義的なルネサンス様式の絵画が主流をなしていた、という。ところが、黒死病の流行の時代になると、シエーナ派の影響を受けて、美術表現は十二世紀の形式的・儀式的な宗教画に後戻りをしたのであった。なぜなのか。アメリカのノーマン・F・カンターによれば、それはジョットが定着させた人文主義的な革新を標榜する少数の画家たちが黒死病によって一掃されてしまったと推定されるからである。それはとりもなおさず、大多数を占めていた従来の古くさい画家たちが生き残って十二世紀の表現を踏襲したということである。その結果、十二世紀以来絵画の潮流は儀式的な宗教画から人文主義的な絵画へ移行しながら、そこから感性の生み出す新しい変化を引き出すこともなく、まして、黒死病流行の絵画を残すこともなく、再び儀式的な宗教画へ戻ったのであった。

その代わり、やがて黒死病の流行から時間が経過し、その後のペストが散発して流行している時代に、別の変化が徐々に生じた。それは人が冷静になり、気を取り直して必要にかられ、本の挿画という一般的な表現スタイルで黒死病の絵柄をあらわすようになったことにある。それは十五世紀になってからのことで、いつ、どこで、どのような情景の絵というのではなく、患者の病態や治療風景のような一般的で個性のない絵であり、図案に近い。

もうひとつの変化は十四世紀前半期から死の恐怖が描かれることになったことにある。それは黒死病の流行とは直接関係しない。ありふれた、どこにでもある、だれにでもふりかかる死一般を象徴する作品である。それはメメント・モリ(「死を想え!」)という死生観の絵で、写本やフレスコ画の壁画もあれば、木版画、挿画もある。その典型は十四世紀の各地に登場した『死の勝利』や十五世紀に最盛期を迎える『死の舞踏』(ダンス・マカーブル)である。初期の例には、一三四五年頃制作されたフィレンツェのサンタ・クローチェ教会にあるオルカーニャの『死の勝利』、一四二五年に制作されたパリのフランシスコ会修道院の聖イノサン墓地の壁画があり、教会としては五〇年に制作されたアミアンの大聖堂やコヴェントリの大聖堂のそれがある。死の舞踏の場合、死を象徴する骸骨が生身の人間に近づき、皇帝も、大司教も、貴族も、ブルジョワも、職人も農民も乞食も、平等に地獄の輪舞へと誘《いざな》っている状況が描かれている。そこには、この地上でどんなに偉かろうとも、死なば平等という観想が示されているのであった。

信仰の昂揚

最大の変化は教会によってもたらされた布教と信仰上の変化であった。リュスネによると、教会は生き残った人びとに視聴覚に訴える方法で布教活動を始めた。つまり、見たり、聞いたり、触ったりという方法である。それは大声での説教、堂々とした行列、罪をあがなう巡礼、敬虔な図像の提示によっていた。それならば、信仰に疑義をいだいていない者にはだれにでも理解できた。

さらに、教会は生き残った人びとに、もし今後死が訪れても安心して天国へ行けるように、聖年の変更という措置をとった。信者はそのとき、ローマへ巡礼すると、その死に際して煉獄《れんごく》を免除され、直接天国へ到達できる恩恵が与えられることになっていた。一三〇〇年が聖年であったから、次は一四〇〇年の予定であった。しかし、教皇は聖年を半世紀早め、一三五〇年を聖年にして、多くの信者に天国へ到達できる恩恵を与えたのであった。ムッシスの『疫病の歴史』はその点について次のように述べている。

ついに一三五〇年になって、非常に聖なる教皇クレメンス様は、心の底から悔悟して告解をした者すべてに罪の償いを免除するという、一年間有効な贖宥《しょくゆう》令を布告した。その結果、数え切れないほど大量の群衆が、祝福された使徒である聖ペテロ・聖パウロの聖堂、そして聖ヨハネの聖堂を恭順と敬虔の念を抱いて訪れるために、ローマに巡礼をおこなったのである。[71]

そこへ記されているように、聖年の恩恵に与《あずか》ろうとして、一三五〇年にローマへ巡礼に行った人びとは驚くべき数であった。マッテオ・ヴィラーニによると、クリスマスから四旬節までだけで、一〇〇万〜一二〇万人のイタリア人その他が数えられたのであった。

そのようにして、教会は生き残った人びとを信仰の世界へ連れ戻そうとしたが、信者の側もしだいに信心を募らせて、聖母や聖人を守護(治癒)者として祈願するようになる。その現象は黒死病の流行後にわかに注目をあびて、各地に確立した。一説によると、ヨーロッパ各地で黒死病からの守護聖人として信仰の対象になったのは合計すると五三人にのぼる。それは地域社会で祈願された聖人からヨーロッパ全土で知られた聖人まで含まれていた。とくに信仰を集めたのは聖母マリア、聖セバスティアヌス(祝日一月二十日)、聖ロック(祝日八月十六日)、聖アントニウス(祝日一月十七日)、聖エロワ(祝日十二月一日)などであろう。

ビラバンによると、それらのなかでは、聖母マリア、聖セバスティアヌス、聖ロックの三者が祈願の大半を占めていた。聖母マリアは六世紀以来ペストの流行に際して加護を求められ、信仰されたように思われる。そのうえ、十四世紀のある年代記が「一三四八年八月十六日、人類の苦痛に同情されて、聖母マリアが涙を流す姿が見られた」と伝えると、より一層信仰が広がり、多数の地方的名称がつけられ加護を求められた。聖セバスティアヌスは二五〇年頃フランスのナルボンヌに生まれた実在の人物で、はじめて加護を求められたのは六五四年ペストがローマで流行したときであった。八二六年、彼の遺骨の一部がソワソンへ移送されると、万病への加護を求められるようになる。黒死病が出現すると、聖セバスティアヌスは聖母マリアとともに十五世紀中頃まで最大の守護聖人となった。聖ロックは一二九五年フランスのモンプリエに生まれた実在の人物で、十五世紀末期から名声が広まったように思われる。彼はすでに十五世紀前半期には聖人として期待され、その名を冠した聖堂が各地に建立されていた。彼を信仰し加護を求める契機は意外な事件によっていた。それは一四八五年(一四九五年の説あり)、ヴェネツィアがペストにより荒廃させられた事件である。当時ヴェネツィアの統領は聖ロックを守護聖人にするため海賊を雇い、モンプリエからロックの遺骨を奪ってこさせたのであった。ヴェネツィアではその遺骨は大歓迎され、一部がほかの都市に分与された。かくして、聖ロックは有名になる。聖ロック信仰は十七世紀に大発展をとげ、北はスウェーデンから南はポルトガル、イタリアまで全ヨーロッパ的な広がりをもつことになった。

黒死病の流行は多くの人に魂の救済を考えさせ、人のため、信仰のため、資産の寄進をおこなわせた。ある者は犠牲になった家族の魂をなぐさめるため、ある者は見聞した悲惨な状況からの救済のため、資産を寄進した。その行為は都市でかつてなかったほど盛況を極め、十六世紀初頭まで続く大きな変化であった。

イングランドでは、約四分の一の遺言者の資産、すなわち土地と動産が慈善に向けられた。その結果、一三五〇年から九〇年までに七〇の慈善施設が新設された。フランスでは、既存の制度に対する寄進は一三〇〇年から五〇年までに約五〇%の増加をみた。それはイタリアでもドイツでもみられる現象であった。さらに、寄進の多くは教会施設の貧弱であった北ヨーロッパでは本格的な大規模建築の建設に、また個人や組合に経済力のある地域では個人的なミサの催行と礼拝堂の建設に費やされた。

十四世紀後半の重要な教会建築のなかには、エルフルトの大聖堂(礎石が置かれたのは一三四九年)、ノルトハイム＝ハムのザンクト・ファビアン＝ザンクト・ゼバスティアン礼拝堂(五〇年)、エスリンゲンの聖母教会(五〇年)、アントウェルペンの大聖堂(五二年)、ハンブルクのヤコブ教会(五四年)、ニュルンベルクの聖母教会(五五年)、ウェルツェンの使徒教会堂(五六年)、シエーナのピアッツァ教会堂(七六年)の名があげられる。ストラスブールでは、サン＝ニコラ教会とサン＝ピエール教会は一三八一年と八三年に着工されたのであった。また個人的なミサの催行のほかに、イングランド、フランス、フランドル、ドイツでは、貴族ばかりか裕福な市民までもが個人の礼拝堂を建立して使用し始めた。それはカンターにいわせれば宗教の私物化という現象であった。

他方、黒死病の犠牲者から生き残った人びとへ資産の移転という新しい変化が生じてもいた。それを伝えるマルキオンネの『フィレンツェ年代記』によると、一三四八年のフィレンツェでは、秋に黒死病が終息したあとどのような状況であったかを指摘している。

人びとは都市に戻り始め、家のなかに入って家具の具合を調べ始めた。しかし、財産があふれるほどありながらも、そこに主人のいない家が数多くあった。それを見て人びとは茫然自失に陥った。間もなく財産を相続する者が姿を見せ始めた。こうして疫病前には一文なしだった者が、相続人として金持ちになった。このため疫病の前には何も所有していなかった者が金持ちになった。それらの財産は実は彼らのものでなかったようだ。こうして相続人として不適格と思われる人が、男も女も、衣服や馬に金をかけて贅沢な暮らしを始めた。[72]

要するに、期せずして生き残った人びとに死者の遺産が舞い込んだのであった。そのため、彼らはそれを費やして生を謳歌し、贅沢を堪能したのであった。そこでは、怠惰と消費が先行した。そうした生活は早くから指摘されていたが、十分検証されていない問題である。それらは物価高、人手不足、高賃金などを誘発して、後述するように、農民の都市移住の一因をもたらしたように思われる。

農村と都市の変化

農村では、生き残った農民による土地放棄が際立った変化であった。土地放棄とは人口が減少したため、労働力が不足したり、食糧需要が減少し、市場における穀物相場が下落して生活ができなくなり、耕作を放棄することであった。一番地味のよい土地だけが、棄てられないで残った。放棄された土地には森林が勢いを盛り返し、昔の所有者の境界をわからなくした。狼、猪、熊などの野生動物が増加した。

しかし、たとえ土地放棄が進んで廃村にまで発展することがあったとしても、それは黒死病流行直後のことではない。廃村は一三七〇年以後に生じる物価の本格的な暴落を反映して、十五世紀になってから生じる変化であった。イングランドでは一三五〇年から一五〇〇年にかけて、一三〇〇カ村以上が廃村になった。諸地方のなかでもレスタシァでは一五%、ノーサンプトンシァでは一八%、オクスフォードシァでは二五%の村が廃村になった。一例を東部のブレックランド地方にみてみよう。その地方は乾燥して砂地が多く、一一〇〇年まで事実上手つかずであった。しかし、その後一三四九年まで人口増加に対処して居住地と耕地が開拓された。その状況が一四〇〇年までに変化した。その地方の村落の半分以上、二八カ村が廃村になったのである。

それは大陸ではフランス、フランドル、ドイツ、スカンディナヴィア半島、ハンガリーへ波及していた。フランスでは、一七%が廃村になったアルザスをはじめ、ブリー、プロヴァンス、ラングドックの諸地方にその現象がみられたが、なかでもいちじるしいのはドイツであった。スリッヘル・ファン・バートらによると、そこでは廃村が、多くはヴュルテンブルクからヘッセン、チューリンゲン、ハルツ、メクレンブルク、ポンメルン、東プロイセンの諸地方へ及ぶ帯状の地帯に生じていた。ヘッセンに隣接した北部チューリンゲン地方では、一三〇〇年に一七九カ村が数えられたが、一五〇〇年までに一四六カ村が廃村になった。それは百分率にして八二%であった。それほど高率ではないにしても、アンハルト地方で六四%、東ハルツ地方で五三%、ヘッセン地方で四四%、ラインファルツ地方で三三%、ヴュルテンブルク地方で二〇%を数えた。

そのような廃村により、残った農民はどこへ移住したのであろうか。オランダやドイツ西部地方の農民のなかには、東ヨーロッパへの移住、いわゆる「東方植民」へ参加した者もいるが、多くは都市へ移住したのである。

都市では、人口減少により人手不足になり、労働力の値段、つまり賃金が上昇した。たとえば、パリでは屋根葺き職人と石工の賃金は一三四六年から五三年に三倍になった。そうした賃金の上昇こそ、多くの農民に都市移住を決意させたのであった。そのため、王権や地方行政当局は賃金を規制する羽目になった。一三四九年、王権は賃金を四八年以前の水準に制限しようとした。しかし、それに失敗すると、一三五一年、三三%のアップを認める新法を制定している。イングランドでも、一三四九年王権は賃金を凍結したし、オーストリアでは、五二年、大公は仕立屋・ブドウ栽培者・坑夫の賃金を凍結した。

領主の没落

農村を支配した領主の家系にも変化が生じた。領主一族が衰退して消滅するという事態が生じたのである。そのような場合には、領主制そのものが崩壊したり、変容をとげた。また、崩壊までしなくても、農奴や農民が犠牲になり、領主制の再建に大きな負担が必要になっていた。農村でも労働力の不足から賃金の上昇がしばしば生じていた。たとえば、十四世紀後半の北イタリアのトレントについてパルマの『年代記』は次のように記述している。

この疫病の時期には、働き手はいなくなった。作物は農場に置かれたままであった。――それを刈り入れる者がいなかったからである。一三四九年には、日当として労働者に一三ソルド〔貨幣の単位で、一リラ=二〇ソルドだが、時代と地方によって内容が異なる〕か一四ソルド、あるいは一五ソルドが支払われるようになったが、それでもその額でも労働者を見つけることはできなかった。また女の労働者には六ソルドか七ソルド、あるいは八ソルド支払われた。[73]

それを逆に受け取る側の農民からみると、イングランドの先に引用したカックスハム荘園では、一三四七年には週当り二シリングを受け取っていた農民は四九年には七シリング、五〇年までには一〇シリング六ペンスを受け取っていた。その結果、農民下層の生活水準に劇的な上昇が生じていた。

かくして、領主の収入は一段と悪化する。そこへ、十三世紀以来始まっている貨幣の実質価値の下落も加わり、実質収入はますます減少する。そうなると、黒死病の直接的結果ではないにしても、領主の家計は経済的に傾き始め、所領を手放す羽目に陥るのであった。フランスの経済史家フィリップ・ヴォルフが明らかにしたフランス南西部地方の衰退する家門、イザルギエ家はその典型といえよう。

同家の活躍の痕跡は一二九五年から一五三〇年まで史料でたどることができる。最初の確実な人物はレモン・イザルギエ。彼はトゥルーズの両替商、やがては金融業者で、一二九五年から三回カピトゥール(他都市の市参事に相当)を歴任した名士である。一三〇三年、彼は土地と動産を購入したが、その後も市内に三軒の家屋を購入した。一三二八年、彼は授爵するが、その後も三年間金融業を続けている。その時代は貴族と商売が両立しがたいと考えられていなかったのである。ところで、授爵を契機に、貴族との実り多い結婚で所領の増大を実現することになった。彼の長男はポンス、次男はベルナール＝レモンという。二人とも王権に用立てる金融業をしてカピトゥールに選出され、土地購入もおこなっている。その間百年戦争がトゥルーズに波及してきて所領を荒廃させたし、黒死病に至ってはベルナール＝レモンの息子とその妻や所領の多くの農民の命を奪っている。

ポンスとベルナール＝レモン兄弟の代からのち、同家には変化がみられる。職業上は主として軍人、国王官僚へ移り、帯剣貴族（伝統的な血筋の家門が中心になる土地貴族）の生活に近くなったし、所領を相続した分家を多数生むことになった。その当主たちは十五世紀前半期にもなおトゥルーズの名家で、影響力を発揮していた。たとえば、ジャック・ディザルギエ＝フルクヴォは一四三〇年と三七年にラングドック地方三部会のトゥルーズ代表を務めたが、国王から長期にわたり対イングランド戦争に従軍した功績として二〇〇リーヴル・トゥルノワ（革命前に使用されたフランスの計算貨幣単位）を下賜された。

しかし、十五世紀後半、イザルギエ家の資産の散逸が始まった。ご多分にもれず、領主財産の危機が原因であった。ディザルギエ＝フルクヴォ家でみるなら、当主ジャン二世の時代にそれは始まった。まず、彼は商人への借金返済のため、トゥルーズ市のラントと市外の土地に設定した土地ラントを譲渡し、火災で類焼した市内の持家を売却しなければならなかった。次に、一四六六年、彼はフルクヴォとラバスティドの所領の諸権利を数人の商人に売却した。その後さらにラバスティドの所領自体をいとこに売却した。一四六七年、ジャン二世が死去して、ジャン三世が相続した。代が変わっても貴族の体面もあって、社交的で贅沢な生活を送ったため、財政状態は好転しなかったようだ。彼は一四七四年から七五年にかけて、三姉妹に嫁資を与え、財政状態をさらに悪化させた。一四八二年、今度は彼は河川港の収入権を売却、次に六〇〇〇リーヴルで城館ごとパンサゲルの所領を売却。一四八三年、彼はラバスティドの所領を二〇〇〇リーヴルで買い戻し、すぐ二八〇〇リーヴルで転売した。その後も買戻しと転売、遺産争いと売却を続けるが、いよいよ十六世紀に入ると売るものがなくなり、ジャン三世の消息は途絶える。その他の分家も似たような運命をたどる。資産をすり減らしたり、子孫が途絶えたりの結果である。わずかに、イザルギエ＝オートリーヴ家がナヴァール（ナバラ）王国の官職を購入して、衰亡を免れたのであった。

以上のような農村と都市における危機的状況に強く反発して、変化を求め立ち上がる人びともあらわれていた。そうした人びとが惹起《じゃっき》した変化こそ中世末に生じた一連の反乱や農民一揆であった。

制度の新設

ペストの流行はそれまで利用してきた法規や制度、行政措置や政策では、阻止することも、制御することも不可能であった。そのため、当面の必要から、新しい仕組が王権や都市当局によって案出されることになった。

公衆衛生についてみると、人は最初からそれを知っていたのではない。黒死病の流行を通して経験から清潔にすることが予防につながると考えるに至ったのである。そのため、どこでも見た目に汚れがなく、整然とした状態にするよう、井戸や泉を洗浄して利用しやすく改め、上水道を設置して共同の水汲み場を設置し、市壁の外側にある堀や溝をさらって清掃した。また、市内に堆積した汚物を排除し、街路を舗装したり清掃し、不用な樹木を伐採して風通しや日当りを良くし、墓地を整備したり、市外へ移転させたりした。そうした一連の作業は黒死病の流行期に始まり、十八世紀までに常識となったのである。

そこへ、近隣の都市にペストが波及したという情報が入ると、行政当局は重い腰をあげて、市門に監視人を配置し、不審者やペストの感染者の入市を阻止したり、市門の閉鎖に踏み切っていた。さらに、当然のことながら、都市は公衆衛生を担当する部局を設置することになった。イタリアの社会経済史家カルロ・チポッラによると、公衆衛生といった分野の行政の組織化でもっとも歴史的に早かったのはヴェネツィアであった。

そこでは、一三四八年三月二日、大評議会がメンバーのなかから臨時に三人の衛生監督官を任命し、公衆の健康を守り、環境の汚染を防ぐ目的で、あらゆる方法を検討させた。それが起源である。常設機関になったのはラグーザよりあとの一四八六年一月七日であった。その年以来、毎年三人の貴族が選出され、衛生監督官の肩書を与えられた。彼らは伝染病の発生と流行を防ぐために働くことになった。ヴェネツィアでは、国内各都市にも地方衛生局とでもいうべき機関が創設された。また、ヴェネツィアの影響が強かったラグーザでも、一四二六年から衛生監督官が登場した。それは常任という点では、ヴェネツィアよりも早期の実現であった。フィレンツェのそれの起源もほぼ同様で、一三四八年四月十一日、八人の有識者からなる委員会が立ち上げられたことにさかのぼる。ただし、フィレンツェでは、公衆衛生は治安担当の部局扱いとなり、一五二七年、常設部局となった。ミラノでは、臨時部局の起源は一三九九〜一四〇〇年に、常設部局のそれは十五世紀前半期であった。

かくして、十四〜十五世紀に、北部、中部イタリアの都市に公衆衛生を担当する部局があらわれ、さらに十六世紀にかけて、小さな自治体でも臨時、常設いずれかの衛生部が創設され、衛生官が任命された。

それに比較すると、アルプス山脈以北の国における衛生局の組織化は遅れた。もっとも早い例は南フランスのブリニョルで、一四五六年から六五年にかけて衛生委員会が組織されたが、常設の衛生局となると、トロワで一五一七年、ランスで二二年、パリで三一年、リヨンでは臨時でも八〇年であった。ロンドンとなると、常設の衛生局の出現は大流行のときにもまだなかったのである。そのような衛生局設置の遅れはほかのイングランド、フランドル、オランダ、ドイツの都市でも同様である。

衛生局の仕事は市内の定期的清掃、検疫、病院の運営、医療体制の構築、薬剤の管理などであったが、ペストの流行時には、集会の禁止、学校の閉鎖、病舎の増設、遺体の処理などが加わった。そのため、衛生局はさまざまなスタッフをかかえねばならなかった。一四五〇年頃ミラノでは、衛生局長の下に内科医一人、外科医一人、公証人一人、理髪師一人、従者三人、馬丁二人、死亡告知表作成事務官一人、馬車の御者一人、墓掘り人足二人で構成されていた。しかし、ペストが流行する時期になると、その時期だけ雇用する臨時の吏員が増加した。

検疫という制度は国家や都市の衛生局が船の乗船者とその積載商品について一定期間抑留してペストへの感染の有無を観察するためにとる隔離措置である。それは一三四八年三月、ヴェネツィア市が同国へ入港しようとする船舶に四〇日までの停船・隔離期間を設定したことによる。その前例に依拠して、今度は一三七七年、ラグーザ市当局が同国へ入国しようとする船舶に三〇日間の停船・隔離期間を設定した。そうした措置が伝染病の侵入を阻止するのに効力があるとみなされたため、その後はほかの港湾都市も隔離期間を四〇日に定めて、検疫制度を採用した。その典型をマルセイユにみることができる。マルセイユでは、一四〇八年、検疫制度を採用した。

それにしてもなぜ、隔離期間が四〇日なのであろうか。それは四〇日間がヨーロッパ世界では広くなじみのある数値であったからであろう。聖書では、ノアの洪水は四〇日間、四旬節は四〇日間、科学関係からみても、錬金術で物質の変容に要するのは四〇日など枚挙にいとまない。その結果、検疫という語はイタリア語の四〇日、クワランタ・ジョルニからでていて英語でもクウォランティーンという。

　健康通行証はペストの流行で必要から生じた仕組である。それは、のちに近代国家が国民に発給する旅券の起源とでもいうべきものであった。健康通行証はまずイタリアで十五世紀後半から使用され始めた。それは公認の機関が発行する通行証で、人と商品が所定の場所へ入ることを許可するためのものであった。平時には必要とされなかったが、ペストの流行が始まると、とくに入市に際して提示を要求された。それはイタリアから諸国へ急速に普及した。南フランスのブリニョルでは、イタリアとほぼ同時に健康通行証が利用されており、普及の速さを物語っている。リュスネは健康通行証のことを「それ自体だけで病気の拡大を阻止する非常線をなしていた」と指摘している。しかし、流行が激化し、発給した市町村がペストに襲われると、それは効力を失った。

　最後に、死者の統計、要するに週間死亡数を記録する死亡告知表の作成も見落とせない。すでに指摘した一四五〇年頃のミラノ衛生局では、常勤スタッフのなかに死亡告知表作成事務官がおかれていた。その告知表の作成がもっとも早く始まり、良好な状態で保存されているのはイタリアであった。それがいつ始まったのか、はっきりしない。死亡台帳（リブリ・モルトゥオールム）の作成がそれに該当するなら、たとえばフィレンツェのサンタ・マリア・ノヴェッラ聖堂では一二九〇年に始まっている。

　スペインのバルセローナには、一四二九年からペストの流行期にのみ毎日作成された埋葬数と洗礼数の一覧表（セルカ）がある。それにやや遅れるが、ミラノでは、一四五二年から週間死亡告知表の作成が、それをまねたロンドンでは一五三二年から作成が始まった。現存する最古の告知表はマントヴァの場合で一四九六年、モデナで一五五四年、パードヴァとヴェローナでは一六〇一年であった。そうした告知表は行政当局に流行の動向がどのような規模で、死者が日ごとどのように変化し、成長期にあるのか、衰退期に入ったのかを知らせ、次の事態を予測させたり、対策を講じさせるのに貢献したのであった。

危機の管理

危機管理という用語はアメリカ合衆国で起こった二〇〇一年の九・一一同時多発テロを契機に世界的に一般化したものであるが、意味内容からいうと、いつの時代にも国家や都市が危機に瀕すれば使用される、事前に決定された総合的な対策のことであった。つまり、不測の事態に備えて、行政当局が応急、復旧、減災の実現を期して準備しておくマニュアルの作成、必要な資材の調達、食糧・飲料水の貯蔵、設備の調整、スタッフの配置と訓練、市民の訓練参加、法規の整備などである。

そうした対策の片鱗はたとえばフィレンツェでは幸運にも黒死病の流行以前、一三二一年、すでに公衆衛生の法規として定められていた。それによると、疫病発生の場合（黒死病についてはまったく想定していなかった）とそれ以外の大災害の場合に、食糧の分配、飲料水の供給、埋葬などの管理と救助機関の創設などが決定されていた。それは原初的ながらたんなる衛生分野を超えて危機全般への対応を示す危機管理システムの制度設計である。

さらに、黒死病が来襲すると、フィレンツェに近いピストイアでは、対処するため、素早く疫病時の都市条令(全二三条)を可決した。それは一三四八年五月二日に制定されている。第一条では、

先の有識者はピストイアの周囲の領域に疫病が蔓延《まんえん》するどんな機会をも与えないために、まずはじめに以下のことを定めた。すなわち市民も、コンタードとディストレット(支配下の都市)の住民のいかなる者も、いかなる身分の者であれ、いかに高い地位のものであれ、ピサとルッカの都市に行ってはならないものとする。またいかなる者といえど、これらの地域からピストイア市やそのディストレットとコンタードにやって来ること、帰ってくることは許されないものとする。これに反した場合、五〇〇リラの罰金を科すものとする。[74]

と、ピストイア市への出入りを禁止し、第二条では、

いかなる者といえど、麻や羊毛の布地については、その布地が男子用であれ、女子用であれ、ベッド用であれ、いかなる使用目的であるにせよ、都市のなかに持ち込んだり、他の者に持ち込ませてはならないものとする。これに反した場合、二〇〇リラの罰金を科すものとする。[75]

と、布地の持込みを禁止し、第三条からは遺体の運搬方法、墓穴の深さの規定、遺体の搬入禁止、葬儀関係の規定が続き、第一三条からは屠殺《とさつ》、食肉保存、監督役人の選出が第二三条まで続く。唯一の例外は第二一条で、

人の健康を維持するために、あらゆる種類の家禽類・子牛・食料品とあらゆる種類の豚をピストイアから持ち出すことは、何人たりといえどこれを禁じる。これに反した場合、一〇〇リラの罰金を科

し、禁令に反して持ち出そうとした物品は没収とする。[76]と、食糧確保のための防衛策を始めている。それは条令がたんに衛生だけを考えていたのではなく、一歩踏み込んで食糧管理まで視野に入れていたことを意味する。

流行は経済活動全般を長期にわたって停滞させた。食糧の輸出入もいちじるしく制約を受けた。たとえ流行により人口減少が生じたとしても、生き残った人びとは食べていかねばならない。そのため、どこの地方や都市でも当然のことながら、食糧不足や飢饉が生じていた。行政当局は食糧の購入に動かなければならなかった。

実際、ほかの都市でも行政当局は条令を出していなくても、食糧、とくに穀物確保のため動き出し、備蓄を心がけていた。その典型をヴェネツィアにみることができる。そこでは、黒死病の流行を契機に、外国から穀物を輸入したのである。

穀物輸入には受け皿として倉庫や穀物蔵を必要とした。イタリアの多くの都市では、穀物倉庫がすでに十四世紀に、ドイツの商業都市ではたいてい十五世紀に設置された。十三世紀から穀物の輸入を心がけたラグーザに至っては、十五世紀の初めに特別の穴蔵を掘り始めている。その容量はなんと約一二〇〇トンであったという。そうした貯蔵施設の設置により大商人の投機や不作による相場の高騰に耐えられるようになり、安価に購入し、市場価格より安く製パン業界に放出してパン価格の安定に貢献できるようになった。明らかに、行政当局は市場の動向に左右されずにすます方策、いうなればモラル・エコノミーの政策を見出し始めたのである。

しかし、そうした事例は例外であったように思われる。行政当局が黒死病の流行後に考えついた新しい仕組は先に指摘したようにせいぜいのところ公衆衛生、検疫、死亡告知表、健康通行証どまりであった。全般的な対処法や行政による権力の一元化はヴェネツィアなどにその萌芽があるにしても、実現できたようには思えない。それはおそらく、必要に迫られた近世の行政当局の課題であった。

黒死病以後の流行

ペストはその後も発生した。黒死病が到来してから一三年後、一三六〇年にあらわれた。そのときのペストは大局的には北から南へ向かって侵攻したように思われる。その範囲は広大で、北はノルウェー、スウェーデン、プロイセン、西は東フリースラントから東はポーランド、ハンガリーにまで及んだ。そのなかから、幾筋かのペストの潮流が主としてドイツ、オーストリアを通ってフランス、イタリア、イングランドへと流れたものと思われる。

主流はフランドル、ピカルディー、ノルマンディー、イル＝ド＝フランス、アルザス、ブルゴーニュ、ドーフィネ、ラングドック、ヴナスク伯爵領、プロヴァンスの諸地方、パリ、ストラスブール、アヴィニョン、モンプリエ、ニームの諸都市へ及んだ。パリでは春から夏まで毎日、七〇〜八〇人の遺体が市立病院から運び出されたが、とくに貧民から多くの死者がでた。また、プロヴァンス地方では、とくに子どもに感染したという。

支流はイタリアへ向かい、イストリア、フリウーリ、ヴェネトの諸地方、ヴェネツィア、ピアチェンツア、ジェノヴァの諸都市に及んだ。また、別途ロンドンにも及んでいる。
以上の流行は一三六〇年のことで、さらに六三年まで継続した。継続期には、それはフランスでは中央部の上オーヴェルニュから南西部にかけて、イタリアでは北イタリアのロンバルディーア、ピエモンテから中部のトスカーナ、ウンブリア、果てはシチリア島まで、スペインでは新たにカタルーニャ地方に、イギリスでは南イングランドとアイルランド島のダブリンに及んだ。そのとき、北イタリアのトレントで流行を経験したパルマは『年代記』で、

また一三六一年になって全世界に疫病がやって来た。それは先の疫病に勝るとも劣らない深刻な疫病であった。またその型も同じ疫病であった。といっても、死者の数に関して同じではなく(今度の場合、最初の疫病ほど死者の数は多くはなかった)、人びとがあっという間に急死し、同じような死に方をしたという点で、同じ型の疫病であった。[77]

と述べている。それはイベリア半島とロシアを別にすれば全ヨーロッパ的で、黒死病の流行ほど範囲、規模、損失が大きくはなかったが、それに近いものであった。しかし、知る限りでは、流行はそれ以後範囲、規模、損失において衰退していくように思われた。その結果、新しくいくつかの特色があらわれてきたのであった。早い話がペストはヨーロッパ世界に居すわり、各地で流行の火の手をあげ、消滅することはなかった。各地に必ずペスト菌は残っていた。それは、ときにはたった一軒の家の中で、衣類や寝具にくるまって温存され、生き延びた。やがて春先になると、ペストは活動を再開し、流行のチャンスをつかみ、攻勢をかけるのであった。要するに、ペスト菌はヨーロッパ世界で消滅せず、常在化したのである。その

点がまず第一の特色である。

　次に流行の態様をみると、黒死病の流行のような全ヨーロッパ的な規模の流行が少なくなった。それに代わり、小規模な流行が頻繁に生じた。もとより、小規模といっても全ヨーロッパ的規模と比較してのことで、地方的流行から数カ国にまたがる流行を指している。それをビラバンの研究でみるなら、一三四七年から一五三四年までの一八八年間に、代表的規模やそれに次ぐ規模のペストの発生は一七回、従属的発生は四回であった。発生の周期はかなり規則的であったという。彼の指す代表的、それに次ぐ従属的の概念規定が不明なのでいまひとつ明晰さに欠けるが、代表的規模は少なくとも数カ国にまたがる流行で、それに次ぐ規模とは一国内における流行で、従属的とは前記二つの概念のどちらかに関連したより小さな流行と理解するなら、相当深刻な流行であったといえよう。

　さらに、新しい成果を反映したウィム・ブロックマンズとアンリ・デュボワの指摘を整理して紹介しておこう。それは一三四八年以後十六世紀初頭までのペストの大流行(さまざまな都市や地方で年表が作成される程度のもの)を地域別に区切ってみたものである。それによると、南ヨーロッパとくにフランス、イタリア地域では一三六〇～六三年の流行をはじめとして、四回、北ヨーロッパ地域では一三六一～六二年をはじめとして一〇回を数えたが、両地域に及ぶ全ヨーロッパ的な流行は一三六〇～六三年と一三九九～一四〇二年の二回である。なかでも後者が最大の惨事をもたらしたと考えられ、南から北へ流行が波及した。フランスではその惨事について三一の都市や地方で言及されている。それはノルマンディー地方、ブルゴーニュ地方やペリグーで猖獗《しょうけつ》を極めた。イタリアでも同様で、フィレンツェでは、人口約六万のうち少なくとも一万二〇〇〇人が犠牲になったのであった。

次にフランス一国でみてみよう。ビラバンによると、一三四九年から一五三六年までの約一九〇年間に、代表的やそれに次ぐ規模のペストの発生は一六回、従属的発生は八回であった。発生の周期は六年から一三年ごとに頂点のくるかたちで繰り返されたという。フランスでみても発生件数は似ており、従属的発生だけとれば四回多い。そのような流行の特色をあげるなら、第一には発生回数は多いが流行規模の縮小であろう。

さらに流行の発生件数をみると、地方、とくに村落における発生件数は不明だが、大都市では一三六〇年から一五六〇年までに、ビラバンの作成した都市におけるペスト発生リストにより、繰り返しペストが発生していたことがわかる。回数でみると、特定の都市で多数回にわたるペストの発生、要するに同一都

表6　大都市におけるペスト発生回数（1360〜1560年）

都　市	回数
ジェノヴァ	24
ヴェネツィア	53
ミラノ	30
フィレンツェ	33
ローマ	25
マルセイユ	21
アヴィニョン	28
バルセローナ	38
ボルドー	35
パリ	53
ロンドン	75
アントウェルペン	20
リューベック	16
ダンツィヒ	15
ウィーン	7
クラクフ	11
プスコフ	21
ノヴゴロド	8
スモレンスク	4
モスクワ	7

Biraben, *op. cit.*, t. 1, pp. 377-428.

市でのペストの反復がみられる。表6は二〇都市とその発生件数をまとめたものである。それをみると、地中海地方の都市では全体的に発生件数が多いが、パリ、ロンドンといった首都、交易の中心地は人と物資の往来が頻繁なためか、断然発生件数が多い。しかし、北ヨーロッパ、東ヨーロッパの諸地方では冷涼な気候で人と物資の往来が少ないためか、リューベック、ダンツィヒ、クラクフといったハンザ同盟都市を別にすれば、ロシアの入り口にあたるプスコフだけが発生件数が多く、ほかはまれな発生ですませることができている。以上から、地方によってペストの発生件数に格差のあることも知れるが、何よりも同一都市における発生の反復こそ第二の特色と指摘できよう。

第七章　近世ペストの特色

流行の集中激化と衰退

近世はいつ始まったのであろうか。政治、経済、社会、文化……といった諸分野で基準になる指標が異なるため、一概にはいえないが、中世の崩壊にともない新たに出現した権力の集中、商品経済の発展、都市の成長、個人主義の覚醒がもたらすルネサンス、宗教改革……などを特色とする時代、西ヨーロッパでは十六世紀が一応近世の始まりであろう。

ところが、ペストの流行はそのような指標と無関係に黒死病期から十六世紀まで継続する。その間に形成された特色はペストのヨーロッパ世界における常在化、流行規模の縮小、流行の反復であった。常在化、縮小、反復はペストの三大特色となっていた。そこへ近世になって新たな特色が十六世紀からしだいに形成され、十八世紀には確立するのであった。それは流行の集中激化と衰退である。

十六世紀は人口動態の観点からみたとき、都市の成長がいちじるしい時代であった。たとえば、人口一〇万以上の都市は一五〇〇年頃には、アドリアノープル、コンスタンティノープル、ナポリ、ヴェネツィア、ミラノ、パリの六都市を数えるのみであったが、一六〇〇年までに一三に増加し、パリは二五万、コンスタンティノープルは七〇万に達していた。そうした人口増加は商工業品の需要を増加させ、人と物資の往来に一層刺激を与えた。しかし、都市では、市壁に囲まれた狭い空間に、人びとは肩を寄せ合って暮らしていた。風通しも陽当りも悪く、湿気の多い空間であった。そこで暮らす人びとはまだ衛生観念に乏しく、病気の観念さえときには定かではなかった。そこへなんらかの契機で伝染性の病原菌が入ってきたらどうなるのか。人と家屋の密集した都市ではたちまち農村以上に感染者が続出し、流行に発展するのは明白であった。事実、都市ではしばしばペストの集中激化があらわれた。

では流行の衰退はどうであろうか。フランスの人口史家ジャック・デュパキエには、言及されたペストの感染地を半世紀ごとに集計した数値がある。それを参照すると、バルカン半島とウクライナを別にしたヨーロッパ全体では、ペストの感染地数は一五〇一〜五〇年には一四三四カ所、一五五一〜一六〇〇年には一七七五カ所、一六〇一〜五〇年にはわずか一七三カ所である。感染地数としてはいちじるしい減少である。しかし、ビラバンが示し、デュパキエが整理して半世紀ごとに集計した、さまざまな規模のペスト流行の記述を参照すると、大・中規模のペスト流行は一五六四年、八〇年、八六年、九九年と十六世紀後半期にピークを迎えるが、十六世紀前半期と十七世紀前半期の一六〇四年、二五年、三〇年、三六年では大きな差異はない。感染地数の減少や大・中規模のペスト発生数の減少を流行の衰退と捉えるなら、それは十七世紀後半以後であろう。十七世紀後半期には、一六五六年のイタリア各都市と六五年のイギリス各都市における発生を別にすれば、もはや流行は衰退し終息に向かい始める。国別に終息をみると、イタリアで一六五七年、イギリスで六七年、ベネルクス諸国で七〇年、イベリア半島で八二年、ドイツ・オランダで一七一〇年代、ポーランド・ロシアで十八世紀末である。十八世紀にペストが流行する地域は一七二〇年からのマルセイユを別にすれば、西ヨーロッパからはなくなり、南ヨーロッパ、東ヨーロッパそれにロシアに限定されていた。その意味で、十八世紀はペスト終息の世紀であった。

戦争と飢饉

ペストの流行はときとして戦争や飢饉と結びつき、被害をもたらした。

まず、戦争とペストの関連をみると、それはすでに中世から形成されていたが、十六世紀からひときわはっきりしてきた。英仏間の百年戦争は十五世紀半ばに終結したが、その間に、英仏両国兵士や解雇された兵士がペストの病原菌を至るところにまき散らした。その後、イタリア戦争、宗教戦争、三十年戦争、対オスマン帝国戦争、カタルーニャ反乱、北方戦争、スペイン継承戦争……などが混乱を招き、さらに病原菌をまき散らした。十七世紀にはスウェーデン領バルト海地方が、ドイツ中部・南部地方が、フランス北東部地方が、さらにスペイン東北部地方が軍隊の往来で苦しめられた。それらの地方では、カトリックなど各宗派の教徒たちが加害者にも被害者にもなっていた。一六二八年からペストが大流行したリヨンで原因になったのは市門の近くに浅く埋葬された兵士の遺体であったし、三三年、シュレジエンのシュバイトニッツで神聖ローマ帝国軍とスウェーデン軍双方から合わせて二万人のペストの死者を出させたのは帝国軍の感染者によるものであった。

そのような状況のなかで、きわめて深刻であったのがバルセローナの場合であった。そこではおりしも生じたカタルーニャ反乱により、地方全体がスペイン王権の支配を離脱してフランスの保護国になっていた。そこへ、一六五一年一月、ペストが発生したのだった。原因は前年カタルーニャ軍がバレンシア王国へ遠征した際、戦利品とともにペストを持ち帰ったことにあった。かくして、ペストはバルセローナ市内で流行し始める。市当局は必要と思われる措置をとるが、流行を阻止することはできなかった。それでもやがて、流行は消毒の強化により下火となり、約九カ月半で終息した。それで、バルセローナはひとまず危地を脱することになる。しかし、それで安心はできなかった。スペインの政府軍が反撃を始めたのである。フランスはカタルーニャとバルセローナの防衛のため増援部隊を送り込んできた。ところが、その部隊のなかにペスト感染者がいて、再びペストの流行が始まる。それは一六五一年十月のことで、五二年七月まで続くことになる。その間、バルセローナは飢饉に悩まされつつ包囲され、いよいよもちこたえられなくなり、一六五二年十月、王権に降伏した。すると、市内に入ってきた政府軍が新たにペストをもたらしたのであった。市内ではペストの流行が再三にわたり始まる。流行は一六五三年八月まで続いた。しかし、それが最後ではなかった。一六五三年十月、カタルーニャ北部でフランス・カタルーニャ連合軍と戦い、休養のため後退してきた政府軍側のアイルランド人部隊がペストをもたらしたのである。流行は一六五四年四月まで続いた。整理してみると、バルセローナのペストは最初味方の遠征軍がバレンシア王国から持ち帰り、次に味方のフランス軍がもたらし、次に敵方のスペイン政府軍がもたらし、最後に同じ政府側のアイルランド人部隊がもたらしたのであった。それは悲劇というほかはない。ビラバンによると、人的損失はペストによる死者だけで総人口約四万四〇〇〇のうち二万人であった。

次に飢饉とペストの関連をみると、リュスネがリヨンを事例にあげている。フランス中部のリヨネ地方では、一六二七年の穀物の収穫は十分ではなかった。もとより、リヨンは背後のリヨネ地方の収穫では十分に食べることができなくてブルゴーニュ地方の支援を受けてしのいできた。しかし、その年はブルゴーニュ地方も収穫が十分でないため自給用に穀物を留保し、リヨンへの売却分を減少させた。そのため、リヨンでは絶対量が不足し、穀物事情が悪化したのであった。市内のグルネット市場では、穀物価格は五〇%上昇した。おりしもリヨンの主産業のひとつ緞子《どんす》製造業の取引が中断したため、二万人以上の労働者が物乞いに転落する寸前であった。飢饉は疫病の発生を準備していたのである。そこへ間もなくペストが先に指摘した浅い墓を原因に発生した。リヨンでは、飢饉とペストが必然的に結びついたのであった。

そのほかに示すべき好例は一六三一年に生じたトゥルーズの飢饉とペストの関係だが、第八章に譲る。

以上、戦争とペスト、飢饉とペストという二重苦の事例をみたが、戦争、飢饉とペストが次々と組合せを変えて連続し、存亡の危機にさらされる事例を先のバルセローナにみることができる。それは先に指摘したカタルーニャ反乱の最中のことであった。カタルーニャではペストの流行よりも早く飢饉が一六五〇年八月に表面化した。その年は旱魃《かんばつ》が激しく農村が大打撃を受けた。秋の収穫期を前に減収が予想されたので、小麦の所有者が放出を手控えたからである。小麦価格は高騰し、パンが不足し始めた。小麦の価格は一クアルテーラ(約四七・八リットル)当り八か九ポンドで売られた。一般市民には手の出せない価格であったから、暴動が起らないかという不安が生じた。そのため市当局はパンの配給制という非常手段に訴えねばならなかった。当局は税関の建物を臨時のパン焼場にしてパン焼きに乗り出した。それが功を奏して、事態は一時小康を得ることができた。

その間、ペストはバルセローナへ侵入、流行が始まっていた。一六五一年二月バルセローナの鞣革《なめしがわ》親方で『ペスト日誌』を書き残したミケル・パレッツはペストと飢饉の関係を「食糧はペスト病舎でも市内でもひどく不足していた。多くの人びとが食糧不足のためペスト病舎で死亡した。仕組が十分つくられていたら、彼らは死ななかったはずである」[78]と述べている。やがて二月末、小麦価格は高騰して一クアルテーラ当り一〇か一二ポンドで売られ、収穫直前には二〇ポンド以上に達した。もはやパンは小型になった。それでも貧民には買えず、人参、キャベツ、葉物野菜しか食べることができなかった。そのため、市内のあちこちで市民が餓死し始める。その間、ペストの流行も一段と深刻になり、五月末頃から大量死が始まった。当局は家屋の徹底した消毒に取り組む。その効果があらわれて、七月十八日以来、新しいペスト患者が減少し始める。結局、九月二十七日、流行の終息が確認された。飢饉についてはどうか。パンの配給制は維持された。しかし、余裕がないため、食糧の再分配用に、六月末、当局は人口の再調査をおこない、一万四四三五人と確定した。今後当局はそれらの人びとを対象に食糧の配給を検討することになろう。

他方、バルセローナには戦争の危機が迫っていた。スペイン王国の政府軍が反撃に転じたのであった。六月、政府軍は進撃を始める。それに対し、十月、フランスは副王と増援軍をバルセローナに送り込んできた。ところが、当のフランス軍が市内へペストをもたらしたのであった。かくして、バルセローナは戦争、飢饉とペストという三重苦を受けながら生きていくことになる。しかも政府軍によるバルセローナ包囲は八月から始まっている。その結果、バルセローナには周辺の農村から食糧が入ってこなくなり、ますます逼迫《ひっぱく》の度を高める。それでも、政府軍による包囲のなかで一六五二年初夏までもちこたえるが、六月もはや家畜を飼育する余裕がなくなり、馬、ロバの屠殺《とさつ》を始める。七月、幸いにもペストは終息する。しかし、飢饉の状況は悪化の一途をたどる。九月、市民にパンを食べることが禁止され、大量餓死が始まる。九月二十五日、兵士のパンの量が一日当り約二〇〇グラムと定められた。飢えは危険な水準に達した。かくして、降伏の交渉が始まり、十月四日、バルセローナ市はスペイン王権に降伏した。十月十三日、政府軍は勝者として市内に入った。それにより、物流が回復し、飢饉は解消する。しかし、今度は政府軍がペストを市内にもたらし、一六五三年八月二十七日まで市民を苦しめることになった。バルセローナにあっては最初は飢饉のみから、飢饉、ペストの二重苦へ、飢饉、ペストと戦争の三重苦へ、さらに飢饉、戦争の二重苦へ、最後にペスト……と目まぐるしく組合せを変えて危機が都市を襲ったともいえよう。

第八章　トゥルーズの大流行　一六二八～三二年

ペストの侵入

トゥルーズはフランス南部、ピレネー山脈の山麓にある内陸都市である。これといった産業はないが、王国の高等法院や各種官庁の出先機関が集中する司法・行政都市で、人口約四万二〇〇〇を数えた。地中海と大西洋を結ぶ最短距離の中間地点にあり、古代以来人の往来が少なくなかった。都市機能としては消費のほかに権力の分配を指摘できよう。

当時、フランスは集権化の過程にあり、絶対王政の形成期にあった。国王ルイ十三世は王母、王弟と不仲で、協力を得られないままに、諸侯勢力を削ぎ、諸都市を手中に収め、プロテスタント勢力を打倒し、対外的には神聖ローマ帝国と対抗しなければならなかった。したがって、王権はまだ不安定で、財政的にも十分でなく、トゥルーズの都市災害に際して、財政と物資両面の援助まで踏み込むことはできなかった。王権にできることはせいぜい免税措置を講じることであって、薬品や食糧の援助、医師団の派遣、軍隊による検疫措置などを自分たちの義務のうちとは考えていなかった。

一六二八年のペストの原発地はフランドル地方のリール、一六年のことであった。以来、その流行は一六一七年カンブレ、一六一八〜一九年パリと南下し、二七年オーヴェルニュ地方に達し、そこから各地に拡散した。一六二八年、それはトゥルーズへ接近し、四月フィジャック、六月アルビに到着した。トゥルーズの都市当局はペスト接近の情報に接し、五月危機管理に着手する。その内容は、⑴大司教に神の怒りを鎮めてもらうよう公開の祈禱を依頼、⑵市門八門中四門の閉鎖、⑶開門したままの市門に見張りとして二人のブルジョワ(元カピトゥール)ないし住民と二人の警察官を配置、健康通行証を携帯しないでくる人を入市させない決定であった。六月、さらに当局はマタビオ市門を閉鎖し、残る市門には障害物を設置し、市参事たるカピトゥールの署名した証明書をもたない人を宿泊させてはならない、と決定する。その段階で、市内へ入ろうとする旅行者はいちじるしく制約を受けることになる。七月、臨時編成の保健衛生会議が開催され、そこで危機管理の諸事が決定される。そのなかには感染地からやってきた旅行者と商品の拒否、検疫が含まれていた。しかし、それらの危機管理はすべて効果がなかった。

ペストがあっけなく市内へ侵入したからである。カプチン会のガブリエル・サン＝ナゼール神父はその間の事情について自著『編年史』で、

この仮借ない禍はカオール市からトゥルーズ市へ、あるドミニコ会修道士によって運ばれた。ある晩、彼は修道院変更許可証を所持せずに到着し、あえて自派の修道院に出頭せず、ラ・ダルバード教会近くの金の王冠屋に泊りに行った。市門で彼がどうやって見張りの目をかわすことができたのか問

題になっている。とにかく、翌日、一六二八年八月十九日彼は寝台で死んでいるのを発見された[79]と述べている。知らせを受けたカピトゥールは医師たちに検死を二度させて、ペストという診断報告を受ける。そのため、当局はその日のうちに保健衛生会議を招集し、遺体を市外の墓地へ搬送して埋葬させ、他方旅籠《はたご》で修道士の使用した家具を焼却させ、その関係者を市外の一軒家へ隔離することに決定した。ところが、それで事件は一件落着とはならなかった。なぜなら、ひとつに隔離された旅籠の関係者から死者がでたからである。すなわち、八月三十一日、旅籠の女中が急死し、さらに九月五日、おかみが死亡したのだった。もはやペストが関係者に感染したことに疑問の余地はなかった。二つ目に、八月十九日夜、遺体を搬送中激しい風雨のため、遺体の頭巾が吹き飛ばされ、それを拾った女性が発病するという事態が発生したからである。それは、当局の与《あずか》り知らぬところに流行のもうひとつの中核が形成され、旅籠の関係者を隔離した措置が水泡に帰したことを意味した。

全市への波及

かくして、ペストはそれらの中核から全市へ波及した。波及は急速であったものと思われる。『市庁年代記』は、

八月の末、ペストはすでに全街区へ達していたし、かなり広がっていたので、付近一帯は汚染されていた。それはあらゆるところに入り込む。細心の注意を払って予防された場所ですら、侵入されている。もっとも奥深く囲われた修道院さえも襲われるし、ペスト患者の数はあらゆる地区で増加する。[80]

としている。そのような状況になると、うわさはうわさを呼び、市民は深刻な事態になることを察知する。経済的に余裕のある多数の商人、官僚らはわれ先にと市外へ脱出した。行先は多くが農村部にある自分の所領や別宅であった。高等法院を別にして、官庁は大半が組織ぐるみで移転と称して他市へ逃避した。一説では一万人の脱出者がでたのであった。

当局は保健衛生会議を介して本格的な危機管理に乗り出す。それは集約すると二点で、(1)バザクル市門外の緊急事態用の引当地、プレ・デ・セット＝ドゥニエに男性用のペスト病舎を建設すること、(2)ガロンヌ川をはさんで対岸のプレ・ド・ムシュー・ブラソルに女性と子ども用の病舎を建設すること、であった。しかし、建設には時間を要するため、閉鎖中のサン＝セバスティアン病院を再開して対応することにした。高等法院も危機管理に参加し、十月、カピトゥールへ小麦の備蓄を命じている。

ペストの流行は予想以上に財政支出を強いた。それが流行の当初からみえてきたので、一六二八年九月一日、カピトゥールは都市総評議会を招集し、衛生維持に必要な経費を借入金であてる許可を得た。その許可が前例になって、それ以後借金で危機に対処する方策が確立したのだった。

しかし、どこから借金をするのか。王権がトゥルーズにしてやれたのは国王顧問会議の裁決による免税措置と高等法院を介した指導にすぎなかった。免税措置についてみると、王権はトゥルーズに一六一〇年以来タイユ付加税を免除していたが、二九年にはさらに二〇年免除を延長したし、三二年十月にはタイユ税を免除したのであった。それらが市の財政負担を多少とも軽減したことは明白だが、それだけのことにすぎなかった。それでは地方三部会や銀行からの借入金はどうか。ラングドック州当局は王権から課税や献金を要求され、つねに金欠状態にあったし、銀行はリヨンに撤退してひとつもなかった。結局、唯一当てにできるのは市民、とくに元カピトゥールと有力商人たちであった。

そのため、当局は一六二八年十一月二十四日、カピトゥール、元カピトゥールそれに商人たちに強制借上げ(借入金)六万リーヴルを要請した。それ以後六回、当局は一定の間隔をおいて借上げをおこなったし、一六三〇年には一〇万リーヴルを手に入れるため、市内の全住民に住民税を課税することに決定する(王権が免税特権の一時的撤廃を可能にしてくれた)。さらにそれでも不足して、元カピトゥールに強制借上げを要求し、従わない場合には、元カピトゥールの資格を剝奪すると警告するし、死者・逃亡者などの家宅を捜索して発見した現金を借入金へ編入することまでした。結局、借金の総額は一六二九年から三一年までに七〇万リーヴルにのぼったとみられる。

流行の拡大

その間ペストの流行は拡大した。教区簿冊に記されたカトリック住民の埋葬記録でそれを確認できる。埋葬数をそのまま死亡数とみなすなら、表7の数値になる。一六二八年にはサン＝テティエンヌ教区とサン＝セルナン教区では八月から、ラ・ダルバード教区では九月から、サン＝ピエール教区では十月から、それぞれ数カ月死亡数はいちじるしく増加する。各表ではその後数値が低下するが、それは病舎が完成して患者がそこへ収容され、教区で死亡しなくなったからである。流行の拡大につれ、交通、運輸、工業、商業、公益事業といった産業全般が中止、途絶、閉鎖したため、都市機能も損なわれ始め、市民に閉塞感

表7　4教区の死亡数(単位：人)

ラ・ダルバード教区

	1627年	1628年	1629年
1月	13	18	6
2月	12	17	9
3月	18	11	7
4月	16	14	3
5月	17	28	9
6月	16	14	11
7月	23	16	12
8月	13	19	15
9月	17	47	16
10月	17	36	13
11月	10	30	7
12月	9	18	9
合計	181	268	117

Archives municipales de Toulouse, GG34.

サン＝テティエンヌ教区

	1627年	1628年	1629年
1月	30	57	25
2月	30	48	21
3月	38	60	22
4月	43	53	21
5月	25	47	27
6月	26	48	17
7月	33	48	27
8月	26	69	38
9月	36	88	46
10月	28	44	32
11月	43	52	32
12月	32	51	19
合計	390	665	327

Ibid., GG236.

サン＝ピエール教区

	1627年	1628年	1629年
1月	7	16	61
2月	9	7	29
3月	7	10	18
4月	13	10	16
5月	10	11	9
6月	4	3	?
7月	5	6	?
8月	8	3	?
9月	6	12	?
10月	5	88	?
11月	8	91	?
12月	7	28	?
合計	89	285	133

Ibid., GG535.

サン＝セルナン教区

	1627年	1628年	1629年
1月	17	16	13
2月	14	16	7
3月	14	22	10
4月	16	18	1
5月	24	22	7
6月	15	22	4
7月	12	14	7
8月	20	35	14
9月	24	49	13
10月	21	41	13
11月	18	13	9
12月	12	8	11
合計	207	276	109

Ibid., GG588.

を与えた。市《いち》の中止や商店の閉鎖は市民の日常生活に深刻な不便をもたらし、学校の閉鎖は教育サービスの低下をもたらした。

やがて秋、十月の末頃に冬の寒さが始まったが、流行は少しも衰えをみせなかった。プレ・デ・セット＝ドゥニエには、収容能力をはるかに超えた約一二〇〇人の患者が収容されていた。遺体は当局の荷車によって集められ、当局の用意した屍衣《しい》を着せられ、プレ・デ・セット＝ドゥニエの敷地内にある墓地に埋葬された。十一月、流行は絶頂に達した。その十一月十五日、当局は内科医グラカンと本格的な消毒作業契約を結んだ。その消毒とは細菌の観念が確立していなかった時代においては、現代のそれではなく、中世以来人びとが経験的に得てきた清潔感ないし好ましい状態を実現することであった。ペスト患者がでると、人は患者の住んでいた家屋、利用した物品を掃除し、場合によっては焼却して、芳香性の植物を室内でいぶし、一定の香りをつけてよしとしたのであった。そのようにするのが、当時の常識的な消毒作業であった。しかし、まだその方法は内容も手順も確立しておらず、消毒家によって異なる秘術の域をでなかった。

当局はグラカンとの契約により、消毒の対象を個人の住宅へ拡大した。ただ経費が巨額になるため、貧困な人の住宅にかかる消毒費は当局が負担するが、富裕な人の住宅は自己負担とした。彼の方法はアルカリ性溶液で衣類と下着を、徐々に熱くした湯で絹などの高級品を、羽布団、クッションを熱湯につけて洗濯する。台所用品、金属製品、書物などは熱気、冷気にさらし、不要な物とゴミは焼却する。小枝の束に火をつけて床や壁の裂け目をあぶり、最後に芳香剤で家全体を燻蒸《くんじょう》し、密封して四〇日間放置するのである。それは現代医学の見地からみても滅菌効果があると考えられた。

やがて、ペストの流行に変化が生じた。寒波が続くなか十二月、新しい患者が減少し始めた。それは翌一六二九年になると、ますますはっきりしてくる。わずかに残存する死亡告知表をまとめたのが表8である。それによると、二月十八日からの週をピークに、はじめてその家屋からでた患者(新しい患者)、すでに患者を出したことのある感染家屋の患者(既往感染家屋患者)、死者いずれをとっても減少傾向にあった。しかも、三月十八日からの週には、プレ・ド・ムシュー・ブラソルでは、死者と退所者により三八の病舎が空き家になり、風に当てられることになった。そのため一様に安心感・安堵感がみなぎってくる。四月、マタビオ市門の再開が許可される。流行の減少は続く。四月三十日、感染者のでた家屋の消毒はほとんど終了する。六月になると、市内はほぼ平静になった。六月十九日、もはやサン＝セバスティアン病院に患者はいない。ペストは消滅したのである。

かくして、約一〇カ月に及んだ流行が終息した。その理由は結局のところ市当局が取り組んだ医療や消毒体制の充実にみられる対策能力の向上であったように思われる。市当局とはトゥルーズの場合、カピトゥール会議(他都市の市参事会に相当)とその下にある保健衛生会議

表8　ペスト患者の死亡告知数(1629年)

	新しい患者	既往感染家屋患者	死者
2/11〜2/17	32	93	?
2/18〜2/24	73	108	110
2/25〜3/3	?	?	?
3/4〜3/10	23	28	17
3/11〜3/17	17	35	32
3/18〜3/24	21	28	21

Roucaud, J., *La peste à Toulouse,* Toulouse, 1919, pp. 147-148.

を指すが、その当局が速効性のある決定を下して危機管理(対策)能力を発揮したのであった。しかし、その管理の体制はまだ一元化されていなかった。高等法院は法院で、市当局へ命じたり、管内の行政当局へトゥルーズ市当局に協力するよう命じたりと独自の行動をとっている。そのような事実に照らすとき、トゥルーズの危機管理体制は高等法院(王権)と都市(自治体)の二元制であったように思われる。

ペストの再発、再々発

ペストが終息して安心できる状況は一六二九年八月末まで続いた。しかし、その八月末、再び流行が始まる。それは先のペストの続きなのか、新たなペストの侵入なのかわからない。

八月二十七日、保健衛生会議が再開され、高等法院長ル・マズイエら法院司法官も出席した。管理の二元制は解消し、はじめて都市当局への一元化が実現したのであった。しかし、当局がすべてを仕切る司令塔をなすのは先のことで、はじめて一元制の形式が生じたにすぎない。たとえば、法院には当局のペスト対策費六万リーヴルの借入れを承認する仕事が、カピトゥール会議には教会における説教を禁止するなどの仕事があったのだ。九月二十四日、患者は約三〇〇人であった。十月に入ると患者は増加するが実態がつかめない。それが当局の把握し切れていない二、三の修道院(教区簿冊に記録されていない)で流行しているからである。当局は修道院に食糧を援助する。翌一六三〇年一月になると、流行はしだいに減退したようである。フランシスコ会、ドミニコ会の修道院では流行が終息し、三月九日、プレ・デ・セット＝ドゥニエの病舎には一般の患者一六人しか残っていない。市内の健康状態はほとんど平常に戻り、学校の再開が決定された。四月十六日に市門が再開され、五月三十一日、数人の患者が病舎に残っているが、ペストは消滅したとされた。

しかし、注目すべき事件も生じていた。それは二人の現職カピトゥールがはじめてペストで命を落としたことにある。二人とは四月十二日に死亡したギヨーム・ド・トロザーニと五月二日に死亡したトマ・ド・フコーであった。二人はペストと飢饉問題の陣頭指揮にあたっていたのであった。そのような指導者にまで犠牲が及んだということは市庁舎の内奥にまでいよいよペストが浸透したことを意味していた。

一六三〇年八月十五日頃、ペストが三たび発生し、患者がペストで死亡した。当時、市門の再開により、多数の貧民が市内に入ってきていた。彼らがもたらした可能性がある。流行はガロンヌ川左岸のサン＝シプリアン地区から始まり、右岸に拡大し、フランシスコ会の修道院に及んだ。十月十六日、当局はその修道院を閉鎖し、食糧を援助し、さらに同月二十七日、カルメル会修道院の閉鎖と食糧援助を決定する。

その間も、市門は開放したままであった。そのため、近郷近在からきた貧民の流入に制約はなかった。やがて、十一月、当局は通りの清掃を決定するが、十二月、流行が減少傾向にあることが判明する。翌一六三一年、寒さは一段と厳しく耐えがたい。そのためか、流行は一層沈静化する。他方、同時並行的に進行した飢饉が深刻になり、危機的状況になった。貧民はパンと職を求めてトゥルーズへやってきたのである。しかし、そのどちらも入手は困難であった。とくにパンは小麦価格の高騰で、入手不可能に近かった。当時の公設市場における小麦価格を参照してみよう。表9は穀物を扱う公設ピエール市場における一ステイエ（穀物の容積単位でトゥルーズの場合九三・二六リットル）当りの小麦価格表である。それによると、前年

表9　公設ピエール市場の小麦価格(各月の最高価格)

(単位：リーヴル)

	1628年	1629年	1630年	1631年	1632年
1月	6.10	5.06	7.06	15.08	5.06
2月	6.12	5.05	6.10	16.00	6.12
3月	6.14	5.02	6.12	16.05	5.16
4月	7.10	5.06	9.06	17.14	5.16
5月	6.14	5.06	9.16	16.14	5.10
6月	6.18	5.06	10.14	15.18	5.02
7月	6.18	5.05	6.18	8.16	6.02
8月	5.10	5.15	9.06	5.16	6.00
9月	5.06	5.10	9.06	6.10	5.12
10月	5.15	5.16	9.10	6.10	5.14
11月	5.15	5.16	11.11	6.12	6.02
12月	5.15	6.02	14.14	6.16	5.10

Cammartin, C., *Quatre ans de la vie sociale, économique et politique de Toulouse*, D.E.A., 1973, p. 55.

の一六三〇年一月における小麦価格は七リーヴル六ソルであるが、一年後の三一年一月には一五リーヴル八ソルと倍以上に上昇している。それはさらに二月、三月と上昇を続け、ピーク時の四月には一七リーヴル一四ソルに達した。

ところで、貧民はどのくらいいたのか。当局は職員を動員して市内を捜索して、一六三一年一月十九日、貧民を四五七七人と特定した。しかし、貧民の数はその後も増加し、一月二十六日には五〇〇〇人を超えたものと思われる。飢えた五〇〇〇人の人びとに厳しい寒さのなかでどう暖をとらせ、食べさせたらよいのか。当局は思い切った緊急避難的な方策を打ち出さざるをえなかった。それは貧民を市民の家に分宿させて食べさせるという措置であった。それは一月二十六日、実施に移された。もとより、それはカピトゥール会議の発行した強制力をともなう命令書によるもので、貧民に食べ物を提供し、宿泊させるよう命じていた。その措置により、二〇〇〇人が恩恵を受けたが、なお十分ではなかったため、残余の人びとを公共土木事業で働かせ、空いた穀物倉へ収容したのであった。

最後の流行

　飢饉の激化のなかで、ペストの影は薄れてしまった。勢いを失ったのである。五月初め、プレ・デ・セット＝ドゥニエには八人の患者しか残っていない。流行はそれで終息するとみられていた。ところが、五月五日、ペスト患者が突然増加した。表10と表11はプレ・デ・セット＝ドゥニエの病舎で記録された給食台帳AとBである。Aは一六三一年五月十四日から六月十三日まで、Bは八月十四日から九月十三日までを対象にしている。それによって、男性のみではあるが、患者数を知ることができる。Aによると、五月十四日で収容患者数は一五八人、それから若干の上下があって二十一日で二一六人になる。その後、六月十三日までそれ以上の患者を数えず、比較的安定しているが、それは前日までいた患者が死亡したか、回復して四〇日の検疫へまわったからであろう。七月へ入ると、流行は一層激しくなる。Bによると、八月十四日で収容患者数は八八八人、十七日で一〇四八人、十九日で一四三一人と増加するが、他方では十六日の八一六人、二十一日の六八五人のように減少も大きい。それが九月に入ると一変し、九月四日で一七九七人、八日で一八七六人、十三日に至って一九五七人へと増加する。もはや流行は桁はずれで、危機的な状況であった。病舎の収容能力は最大限でも一二六〇人である。そこへ一五〇〇人から二〇〇〇人を収容したのでは足の踏み場もないありさまであったであろう。

　それにしても、流行の激化はそれまでにないテンポと規模であった。なぜ終息するはずのペストが急激に加速・拡大したのであろうか。それは腺ペストの流行が高じて肺ペストを発症したからと思われる。肺

表10　1631年５～６月の給食台帳A

日付	スタッフ数	収容患者数	40日被検疫者数	15日被検疫者数
5/14	24	158	51	37
5/15	24	160	51	37
5/16	25	90	51	36
5/17	24	180	49	40
5/18	25	191	52	37
5/19	29	194	47	37
5/20	30	141	52	44
5/21	30	216	38	42
5/22	29	90	227	75
5/23	29	93	140	68
5/24	29	112	134	73
5/25	29	110	135	—
5/26	29	114	131	74
5/27	29	120	125	74
5/28	29	—	122	—
5/29	29	133	126	74
5/30	29	144	124	73
5/31	29	151	127	74
6/1	29	151	126	90
6/2	29	171	124	70
6/3	29	154	118	71
6/4	29	164	127	69
6/5	28	163	121	68
6/6	28	183	121	69
6/7	28	183	120	69
6/8	—	—	—	—
6/9	28	183	119	69
6/10	28	194	119	71
6/11	28	199	133	69
6/12	28	209	116	64
6/13	28	173	115	69

Archives municipales de Toulouse, GG993. 14mai-11juin 1631.『給食台帳A』distribution de pain による。
人数はいずれも筆者が名前から数え上げたもので，誤りの多い史料上に表示されたそれではない。なお，６月８日は完全に史料から欠落している。

表11　1631年8～9月の給食台帳B

日付	スタッフ数	収容患者数	40日被検疫者数	15日被検疫者数
8/14	65	888	331	95
8/15	65	858	326	2
8/16	65	816	320	91
8/17	65	1048	316	91
8/18	65	946	303	94
8/19	64	1431	—	210
8/20	64	950	318	104
8/21	—	685	323	87
8/22	65	1150	334	98
8/23	58	1139	211	—
8/24	62	1208	268	233
8/25	56	1189	307	97
8/26	56	1243	336	96
8/27	56	1440	211	193
8/28	56	1282	94	—
8/29	59	1242	322	98
8/30	56	1270	337	98
8/31	56	1263	323	93
9/1	56	1293	334	99
9/2	56	1286	333	99
9/3	56	1270	324	89
9/4	56	1797	—	—
9/5	56	1787	—	—
9/6	55	1761	—	—
9/7	55	1769	—	—
9/8	55	1876	—	—
9/9	56	1701	—	—
9/10	56	1848	—	—
9/11	—	—	—	—
9/12	—	—	—	—
9/13	56	1957	—	—

Archives municipales de Toulouse, GG994 Pestifèrés Sept-Deniers 1631.
『給食台帳B』 distributions journalières de pain, 773 fol.
—部分は資料が欠落している。

ペストは腺ペストに比較して症状が重く、咳などを介して飛沫感染し、死亡率が高い。流行の終息後に振り返ってみれば、その四回目こそ最大の流行であった。

他方、飢饉は突然消滅した。それは貧民がペストの感染に恐れをなし、トゥルーズから脱出したからであり、さらには初夏を迎え、戸外で野宿が容易になっていたからであった。七月、表9に明らかなように、市場の小麦価格は八リーヴル一六ソルと四月、五月のそれの半値以下に低下した。小麦の消費人口が大減少したからであり、現金な反応であった。

七月、流行は一段と激化する。ペストはまたしても市庁舎へ侵入、カピトゥールを犠牲にする。その頃には、市庁舎は危機管理の司令塔として働きうるスタッフをすべて集めていた。スタッフの減少により、個々の機関や会議では機能しなかったからと推定される。庁舎の小会議室には、毎日指示を出すためカピトゥールが午前七時から十一時までと午後一時から五時まで詰めていた。法院長のル・マズイエもそこへ詰めるようになり、カピトゥール会議、保健衛生会議、法院の協議その他もすべてそこで開かれた。王権と自治体の事実上の一元化が実現したといえよう。しかし、そこへペストが侵入したのである。七月六日、カピトゥールのジャン・ド・カリエールが発病、九月十二日、ピエール・ド・ベリが発病、それぞれ死亡した。九月末頃、法院長ル・マズイエが発病、同じ頃農村に逃亡していた高等法院の部長評定官ド・モンラーヴも発病、ともに十月十日死亡した。かくして、一元制も束の間、スタッフの死亡により、それは一挙に崩壊してしまう。

にもかかわらず危機管理に抜かりはなかった。当局は五月ばかりか七~八月にも新規の医師契約を結び増員をはかるし、治療の現場で絶望し離脱しそうになる医師たちの慰留にも腐心した。しかし、決め手になるのは消毒とみられた。トゥルーズ周辺の自治体では、各種消毒家を雇って消毒にあたらせていたので、当局も再び消毒家を物色し始めた。結局、白羽の矢が立ったのは隠修道士ことルイ・リベロン神父であった。九月十五日、彼は着任する。彼は屋内の消毒、家財の洗濯、洗浄用装置の設営、薬剤の調合などに従事する要員約一〇〇人を必要としたが、大半を市内から雇用した。彼には旅費・人件費が支給されたが、無報酬であった。聖職者であって奉仕だったからである。

彼の消毒方法は街区ごとに徹底的におこなうものである。M・ジャック・ファーヴルによると、神父は街区の全住民を戸外へ移動させ、死者、入院患者、脱出者のでた家屋も含めて全家屋の戸扉を開放させ、風を入れることから始める。九月二十一日、彼はサン＝シプリアン地区から消毒にかかる。消毒係は片手鍋をもつ。そのなかで消毒剤が着火されてもうもうと煙をあげ、部屋を燻蒸消毒した。その際はどのような片隅も見逃されずにあぶられた。その作業が終了すると、次に家財の消毒にかかる。下着・シャツ類は川で洗濯され、上着・ドレス類は陽に当てられ、革製品・書籍は陰干しにされ、家具などは火にあぶられた。発汗によって体内からペストの毒を排出するため、住民は仮設の布製大テントでできた蒸し風呂に入れられた。そこで、彼らは蒸されて滅菌させられ、新しい衣類を身につけさせられた。以上のようにして、彼の消毒作業は一日三〇〇軒以上、蒸し風呂は六〇〇〜七〇〇人を入浴させた。彼の消毒方法は医学的にみて正しかった。彼の使用した薬剤は芳香性の植物に、砒素《ひそ》、水銀塩、硫黄《いおう》さらに殺菌と殺虫効果のある物質をすべて加えていたという。

そのような作業の効果があらわれたとみえて、一六三一年十一月、ペストの流行は勢いを失う。十一月三十日、当局への報告では、新しい患者五人、既往感染家屋の患者五人であった。明らかに患者の大減少であった。プレ・デ・セット＝ドゥニエの病舎はがら空きになり、脱出市民のなかには帰宅の動きがでる。

流行の終息

一六三一年十二月、市内には平静さが戻る。十二月十六日、市門の配置要員が有給歩哨から住民有志へ格下げされる。翌一六三二年一月十八日、週間報告によると、新しい患者四人、既往感染家屋の患者一人である。三月二十三日、ペストの流行は完全に停止した。リベロン神父には仕事がなくなり、帰郷を希望した。しかし、市民は大反対であった。彼らはリベロン神父にとどまってくれるよう要請する。当局は彼と折衝し、彼のために礼拝所と宿泊所の建設、年額六〇〇リーヴルの年金を設定することで合意した。神父はそれに満足し、一六四四年までトゥルーズに滞在した。

その間、ペストは一六三二年四月末頃再びあらわれるが、神父の活躍で大事には至らない。それ以来、一六五二年の流行までトゥルーズはほとんどペストを経験しない。リベロン神父の功績ははなはだ大きいといわねばならない。『市庁年代記』はいみじくも「一六二八年八月、ひとりの修道士によってトゥルーズへ持ち込まれたペストは一六三二〔二の誤り〕年もうひとりの修道士によってそこから追い出されることになった」[81]と指摘している。トゥルーズの悲劇は修道士に始まり、修道士によって幕をおろされたのであった。

以上の大流行により、ペストの犠牲者はどれほどでたのか。当時の地方長官はペストと飢饉による犠牲者を八万人と指摘する。それは当時よくあった王権による免税などの措置を期待して掲げた過大な数値である。推定人口約四万二〇〇〇で八万人の犠牲者は受け入れがたい。その点、十七世紀の医師デュクロは一六四九年の『ペスト治療論』のなかで、一六二八年から三二年までに三万人の犠牲者がでたとしているのはより真実に近いと思われる。しかし、本当のところは闇のなかにある。

第九章　ロンドンの大流行　一六六五〜六六年

十七世紀のロンドン

ロンドンはグレートブリテン島南東部、テムズ川河口より六四キロ上流にあり、早くから国際貿易港として繁栄した。十一世紀にはイングランド王国の首都として政治の中心をなしたが、人口の増加につれて経済・消費の中心にも成長し、十七世紀には国際金融市場でも一定の役割を演じていた。ポール・スラックによると、一六六五年のロンドンの総人口は四五万九〇〇〇であった。それは十七世紀後半期のヨーロッパ世界で群を抜いた存在で、巨大都市（メトロポリス）といえる。

当時、イギリスは激動の時代であった。一六四〇年からピューリタン革命が始まり、革命派は国王を処刑してイングランド絶対王政を崩壊させた。その後一六五三年にはクロムウェルが護国卿になって政治をおこなったが、永続しなかった。結局、混乱のなかで一六六〇年王政復古となり、チャールズ二世が国王に即位することになった。彼はブレダ宣言を発し、革命関係者の大赦《たいしゃ》、信仰の自由、革命下の土地所有権の移転などを保証して、新しい秩序づくりを試みたが、議会では騎士層が多数を占め、報復のため宣言を無視してクラレンドン法典を制定し、旧秩序への復帰を目指した。そのような状況下で対外戦争が再燃した。イギリス＝オランダ戦争である。戦争はオランダによる中継貿易の独占を打破しようとして始められた。かくして、ロンドンは革命、護国卿政治、王政復古、対外戦争と息つく暇もなく諸事件に遭遇し、その一環としてペストの大流行を経験したのであった。

さて、ロンドンは、市壁に囲まれ商業と富の中心をなす中世以来のロンドンと、市壁の外に自由に発展したホワイトホール宮殿と宮廷人の住む地区や郊外教区などの近世からのロンドンからなっていた。それらを総称して大ロンドンというが、両者が市壁を隔てて別の政治的管轄地に入り、前者はロンドン市、後者は王権の直轄地であった。以下ではその大ロンドンをロンドンとして扱う。したがって、ペストの流行を考えるとき、いつペストが侵入し、だれが最初に犠牲になったのかを特定するのが困難である。なぜなら、ペストの流行は市壁のない耕地と人家の混在する郊外から始まり、ゆっくりと市壁内のロンドンへ達したからであった。しかも、当時の制度としては、内科医や外科医が診察でペストと判断しても通報の義務がなかったし、身内も死亡の事実を当局へ届ける義務がなかった。死亡は教区の教会堂の管理人へ死を報ずる鐘を鳴らしてくれるようにと依頼するか、墓穴を準備してくれるようにと依頼することによって明らかになった。そのどちらかを知ると、検査員の出番である。イギリスとは公権力が社会や個人の動向を放任するまことに危機管理に疎《うと》い国家であった。

検査員は一五七八年以来、教区において死者の検死をして死因を特定する仕事をしていた。検査員には教区の救貧目的から「分別ある既婚夫人」が任命され、白い杖をもち、検死をしてはその結果を教区書記に報告し、二ペンスの報酬を受け取っていたのである。一六一七年以降は、正確さを期すため、ペアを組むようになった。しかし、当時の医学的知識どころか人びとの常識で判断することが要求されたため、死因の項目には「失恋」「急死」「狂気」も含まれていた。一六六五年の流行期には、さすがに外科医が検査員の結論を確認することになったが、教区書記は報告を毎週ロンドン教区書記協会へあげた。協会はさらに報告を市長へあげた。他方、その報告は集計され、毎週印刷され、発行された。死亡告知表である（図

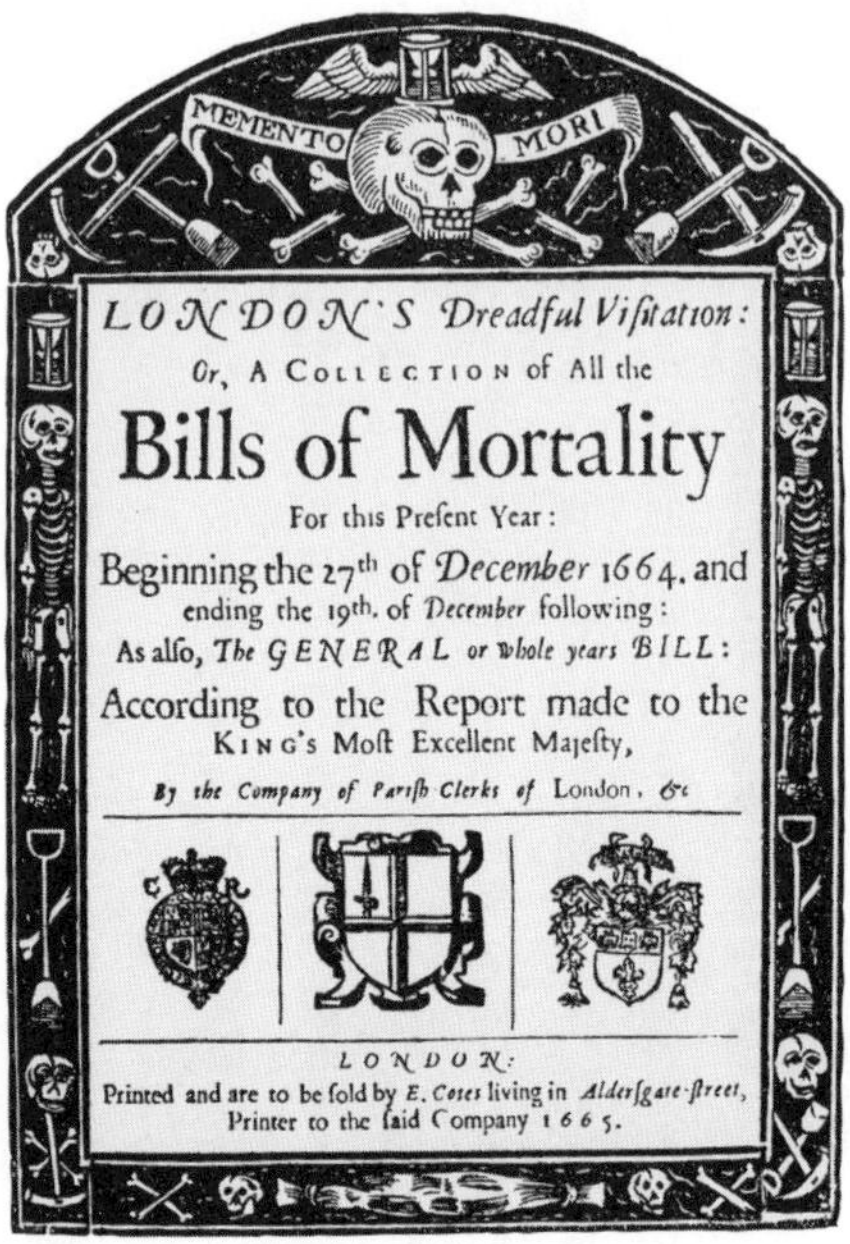

図７　ロンドンの死亡告知表の表紙

7を参照)。しかし、それははたして正確であろうか。人は真実をさらすと、隣人から避けられ、難儀することが予想される。当時の人口学者ジョン・グラントにいわせると、二グロートの現金かエール(ビール)一杯の賄賂《わいろ》で死因の変更を依頼することはよくあることであった。当時海軍次官にして日記作者サミュエル・ピープスは八月三十日の項でその事例を紹介している。

教区書記のハドリーに会った。ペストの様子はどうだと問うと、ずいぶんふえている、われわれの教区でたくさんふえている、といっていた。「てのはね」と、彼はいうのだ。「今週九人死んだのだが、報告は六人だけにしておいた」と——これはたいへんいけないことだ。ほかのところでもこのとおりなのだと思う。だからペストは、人びとが思っている以上に、ずっとひどいのだ[82]。

以上から明らかなように、告知表の数値は不正確である。告知表はペストの存在を知らせる注意報にすぎない、とさえいわれる所以《ゆえん》である。

それではイングランドで一五三八年以後、洗礼、婚姻、埋葬について記録した教区簿冊はどうか。ペストとは埋葬数で関連している。簿冊には教区役人が教会墓地へ埋葬した数が記録されていた。しかし、スラックによると、教区役人の一部は簿冊に気分が乗ったときだけ記入するにすぎず、それまた正確さを期しがたい。しかも、危機に際しては大量死の規模を少なく記録しがちである。教会墓地がペスト患者の遺体で満杯だとはいいたくないからであった。しかも、埋葬が記録されても死因まで記されてはいなかった。

かくして、ロンドンの大流行を死者で数える史料はあるが、どれも不正確で、そのままでは利用できなかった。

流行の始まり

ところで、政府はオランダでペストが流行していることを十分承知していた。そのため、一六六四年六月にはオランダからきた人と物資を厳格な四〇日の検疫に服させていた。しかし、検疫は穴だらけで、水際での阻止に十分ではなかった。それかあらぬか、夏にはポーツマスにペストが根をおろし、七月のある週だけで、ペストで二一人が死亡した。冬にはヤーマスでも死者がでた。一六六五年二月二十二日、政府はオランダへ宣戦布告をした。先に触れた第二次戦争である。戦争はペストの感染源との直接的接触を断ち切ったことになるが、ペストがすでにイギリスに浸透して、あとの祭りであったように思われる。

一六六四年十二月、ロンドンのセイント・ジャイルズ・イン・ザ・フィールズ（以下セイント・ジャイルズ）という郊外教区で、ペストによる死者がひとり死亡告知表にあらわれる。二人目が二月にあらわれる。しかし、その後死者が告知表にあらわれないので、それらの個別的な発生例は世間の注目を引かなかった。実際、それはどのようにも解釈が可能であった。ひとつはペストがすでにロンドンへ侵入していて、その一端が露呈したのであり、その年の厳しい寒さが流行を抑えていたにすぎない、というもの。もうひとつは一六六四年にほかにもう五件記録されているのと同じで、まったく個別的な発症例とするもの。結局、どちらともいえないが、ベルはどちらかというと、ペストが寒気で抑えられていたとみている。寒気が移動し、三月が終わると、ペストはすぐにあらわれた。

そこで枢密院が初期の危機管理に乗り出す。枢密院の指示は裁判所を介して治安判事から教区役人へとおりてきた。教区における流行と危機管理の実態をセイント・ジャイルズ教区にみてみよう。

図8　1665年ロンドンのペスト流行　二つのドアには十字が描かれ，見張りが立っており，左に見える二人の女性検査員は目印の杖を持っている。教区の清掃人は手押し車に犬の死骸を入れて運び，犬殺しは逃げる犬を襲い，二人の男が患者を椅子つきの籠に乗せてペスト病舎へ運んでいる。

セイント・ジャイルズ教区では四月、小暴動が発生した。患者のでたある居酒屋では、教区役人がきて戸扉にペスト患者がでたことを示す赤十字を書き、印刷した注意書きの紙を貼った。ところが、近隣の人びとが騒々しく集まり、十字を消し、紙を引き破り、鍵のかかった戸扉を無理にこじ開け、中にいた人を解放した。それに対し、司直が厳しい処罰を加えた。しかし、それを契機に、無知と反感から、流行は拡大し始めた。

六月、ロンドンは焼けつくような暑さで始まった。ペストの蔓延《まんえん》には絶好の天候である。五月のうちに市壁内へ侵入したペストはいまや流行の様相を呈した。六月の第一週（五月三十一日〜六月六日）、死亡告知表では、ペストによる死者はロンドン全体で四三人（セイント・ジャイルズの死者は三一人）、第二週（六月七日〜十三日）はペストの死者は一一二人（セイント・ジャイルズの死者は六八人)、第三週(六月十四日〜二十日)はセイント・ジャイルズの死者は一〇〇人を超える。もはやペストの大流行は明白であった。そのようなペストをロンドンではいつから流行しているとみたらよいのか。だらだらと始まったペストの発生に流行の始まりを設定するのは議論を呼ぶが、年表などでは五月ないし六月からと表示されている。

セイント・ジャイルズ教区では、司祭ロバート・ボアマンがペストの流行期間中、教区民のなかに住み、勇気をもって働き、尊敬された。彼の下僕は墓掘り人を雇って教会墓地に五つの穴を掘らせた。それらは巨大な穴であった。鐘突き男は遺体運搬車と一緒に通りを歩きまわり、遺体の運搬を知らせてまわった。それらの事実から、ロンドンでは危機管理の具体策が教区ごとに実施されているのがわかる。一カ月後、七月二十五日に終わる週の、セイント・ジャイルズ教区における死者は三七〇人、そのうち三二三人がペストによった。その教区における流行はいまや絶頂に達したのであった。ペストはその感染地から市外教区を越えて東方と南方へ拡大した。やがて、それは西方へも及び、六月中旬までに、市壁の周りにまで達したのである。

ペストへの対応

ロンドンには五つのペスト病舎があった。そのうち二つは流行前からあったが、残る三つは流行が拡大して、急造されたのであった。しかし、それら三つの病舎はどれも小規模で、数十人止りの収容人数であった。そのため病舎はすぐ満員になり、あてにできなかったので、患者がでると、自宅を閉鎖して自宅に隔離する方針で切り抜けねばならなかった。そこで、専門の監視役がつくことになった。彼らは患者のでた家の戸口に立ち、他人との接触を阻止する役目を負っていた。

その間流行についてのうわさは確実に広まっていた。にもかかわらず、ロンドンがペストの流行に見舞われているといった声明や宣言はどこからもでていなかったように思われる。いつの間にか流行は既成事実になっていた。その流行におびえ、宮廷人を先頭に貴族やジェントリー、さらにそのあとから多くの弁護士、公証人、商人その他の人びとがロンドンを脱出した。それは六月から夏中続いた。文人のジョン・イーヴリンの『日記』の八月二十八日の項をみると、

いまやペストが私たちの近辺にはびこっているので、私は妻と一家(二、三の私の身辺の仕事をしてくれる召使を除いて)をウォトゥンの弟のところへ送り出した。私自身は神の摂理と善性を信じて、わが家にとどまり、自分で自分のことはする決心をした。[83]

と述べている。

各種の教育施設や政府機関の閉鎖・休止・移転もあいついだ。教員、官僚、学生、会員がロンドンを脱出したからである。だが、脱出を一層勢いづけたのは国王と宮廷、枢密院と議会の避難であった。六月二十九日、国王は王妃や弟のヨーク公夫妻とともにアイズルワースへ向かう。しかし、そこでの滞在期間は短く、ハンプトン・コート、ソールズベリと移り、九月二十三日から翌年一月二十七日までオクスフォードに滞在した。宮廷、枢密院それに議会は国王のあとを追った。その結果、グラントの見積りでは脱出者は二〇万人に達したのだった。それはロンドン市民が経験した最大の民族大移動であった。

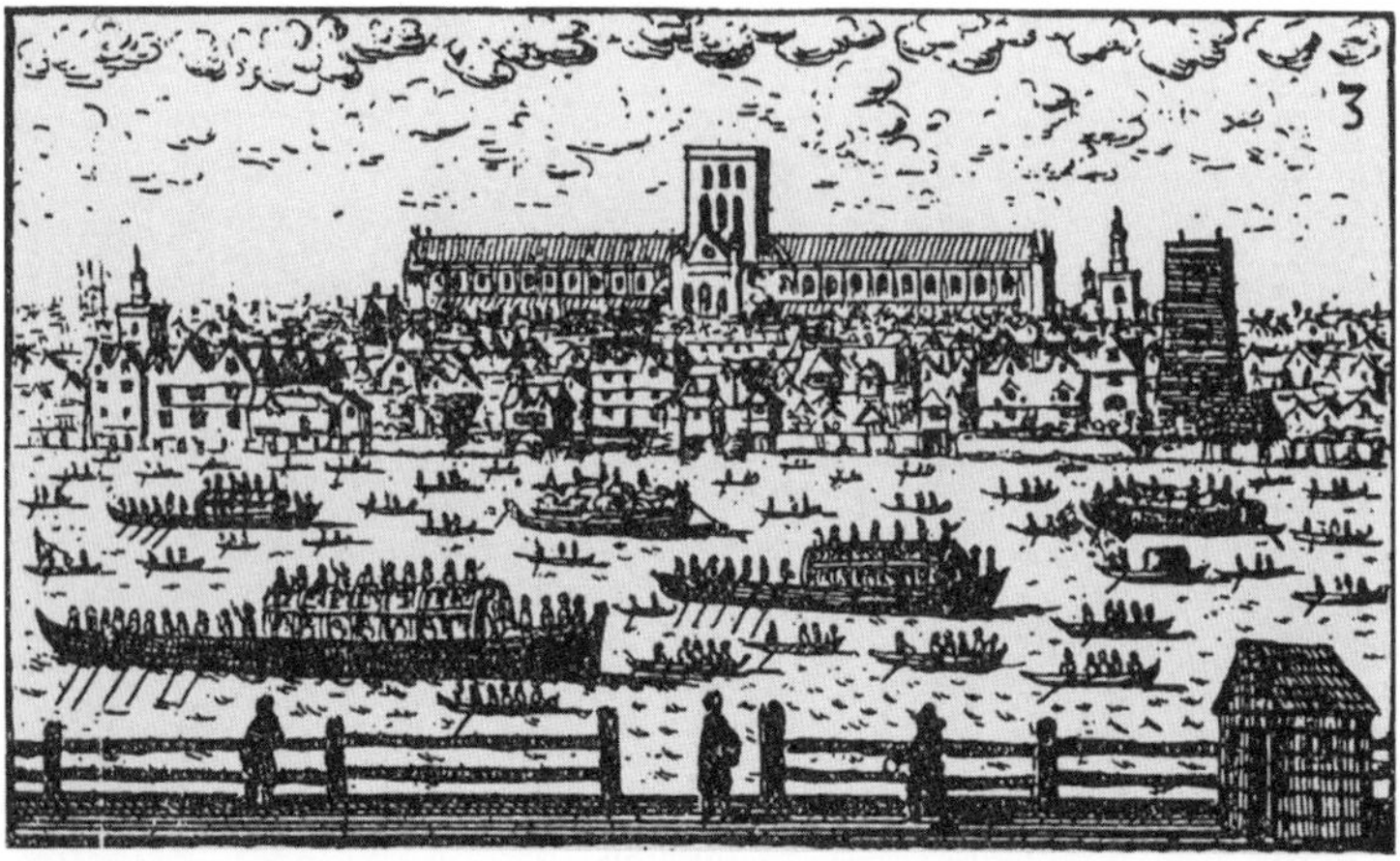

図9　ロンドン脱出　1665年のペスト流行により，人びとは平底船やボートでテムズ川沿いに，あるいは陸路を使ってロンドンから慌ただしく脱出した。

ペストの流行は財政の予想外の支出を余儀なくさせた。それをどのようにして賄ったか。ロンドンの場合は徴税によった部分ともっぱら寄付（市会計局からの支出を含む）をあおいだ部分とがある。しかも、ロンドンの場合、実際の患者への対応、隔離、閉鎖、見張り、検死、遺体処理、埋葬など全体を統括する一元的な組織はなく、すべて個々の教区が担当した。そのため、特別の貧困税とかペスト税が各教区で徴収された。しかし、それらは少額であり、しかも脱出や死亡により十分徴収されなかった。それを補ったのが寄付であった。国王チャールズ二世は救済のため流行期間中週当り一〇〇〇ポンドを寄付したし、さらに、ロンドン市自体も六〇〇〇ポンドを寄付したことになっているし、その他の王族も分に応じて寄付したことになっているが、その額たるや、九週間のみ半額に達しただけというのが実情のようだ。それに代わって、救済は主として全国と当該教区の裕福な市民の慈善によったのである。その寄付金は一度集計され、ロンドン司教から各教区に配分された。裕福な市民の多かった市壁外のセイント・マーガレット・ウェストミンスタ教区では、救済に使用された一六五二ポンドのうち、わずか四〇二ポンドだけが税収により、残りの四分の三は寄付であった。それに対し、市壁内のセイント・アルフェイジ・ロンドン・ウォール教区では、ペスト税の収入は五三ポンド四シリング、寄付金（市会計局から）は七〇ポンドで教区により大きな差が生じていた。

国王の避難したロンドンには、二元的な支配体制が確立した。市壁内と市の管轄する教区には、市長ジョン・ロレンスと市参事の指揮する市庁のそれが、市壁外教区のウェストミンスタとミドルセックスなどについては国王に任命されたアルビマール公ジョージ・マンクとその補佐クレイヴン伯の指揮する八人の治安判事の組織が大幅な権限を与えられて残った。そして、ペストの危機管理は枢密院のなかに組織された疫病委員会の一部である国務大臣アーリントン卿サー・ヘンリー・ベネット以下九人の委員とクレイヴン伯、ロレンス市長、数人の治安判事が治安員・検査員を指揮したのである。その際注目すべきことは、ロンドンにはまだ公衆衛生局も保健衛生官もいなかったことにある。わずかに危機管理のため、一五七八年ロンドン市用に作成された『ロンドン疫病規制法令集』があるのみであった。一五八三年の法令集では街路の清掃、浮浪者の排除、葬式の管理……などを規定しているが、その後若干の追加を加えた一六〇九年版で一六六五年を迎えたのである（詳しくは一九五頁参照）。また、それとは別に、都市条令で、たとえば市内では通りでの放歌高唱の禁止、学校の閉鎖、市門とテムズ川の上陸地点の見張りなどを独自に実施していた。

流行の拡大

その間ペストの流行は拡大の一途をたどった。表12はベルが作成したロンドン各教区における七月から八月にかけての死亡告知表の一部である。それを参照すると、わずか一カ月間に、統計の数値は総死者数で三倍、ペストによる死者数で四倍になっている。そのほかに記録からもれているクエーカー教徒(死者一一一七人)など非国教徒も考えるべきであろう。

流行が加速し、患者が増加すると、作業は必然的に多忙になり、多くの要員を必要とする。患者をペスト病舎に運び、夜間に墓穴に死体を運ぶために雇われた運搬人には週七シリングが支払われた。感染家屋の外に立つ見張りも同額であった。それらの額は教区によって一シリング多かったり、少なかったりした。墓穴へ遺体を入れる埋葬人の手当てはもう少しよく、一日当り一シリング六ペンスであった。そのような要員は男性ばかりでなく、女性も見張りには雇われることがあった。

市内の通りから人影がなくなった。それでも他都市と異なって、ロンドンではすべての施設・商店が閉鎖されたのではなかった。さすがに呼び売り商人はいなくなった。

定期市も王令によりロンドンから五〇マイル(約八〇キロ)以内では禁止された。しかし、それでもパン屋、食料品店、居酒屋のなかには開店している店もあったし、宿屋は旅行者の宿泊を許されていたし、船頭はテムズ川で乗客と物資を往復させ続けた。要するに、制約を受けながらも、最低限の都市的機能を失っていなかった。

ロンドンにとって何よりも幸運だったのはその年多くの農作物が通常より収穫が良かったことにある。

表12　死亡告知表(市壁内外の全教区)

週の最終日	総死者数	ペストによる死者数
7月4日	1006	470
11日	1268	725
18日	1761	1089
25日	2785	1843
8月1日	3014	2010

Bell, W. G., *The Great Plague in London in 1665*, London, 1924 (First AMS edition in 1979), p. 92.

人口が減少し、富裕層が姿を消すにつれ、需要は減少した。そのため、パンはほどほどに安価で品不足も生じなかった。一ペニーの小麦のパンは四月から六月まで一〇オンス(約二八〇グラム)であった。そのとき以来、流行期を通じて、パン価格は一ペニー当り九オンス半のままで十一月まで変わらず、そのあとに一〇オンス半に戻った。果物も豊富であった。八月に高温と日照りで果物は程よく熟し、価格も安価であった。その結果、疫病の流行と前後して発生することの多い飢饉も、ついに発生しなかったのである。

残留した人びとのなかでは、戦時中、ペスト流行中にもかかわらず、いつもの生活が繰り広げられていた。取引所も大聖堂も開いていた。大聖堂では主席司祭こそ不在であったが、代理の者が祈りと聖務を毎日三度おこなっていた。主要郵便局も窓口業務を続けていた。ただ多くの人は家にいるときは警戒厳重で、ペストが侵入しないよう窓を全部閉め切っていた。感染を恐れ、戸扉の鍵穴さえふさぐこともあった。硝酸カリウム、タール、ロジン(松脂《まつやに》)その他の薬剤を部屋の中で燃やした。人気のある方法はフライパンの中で火薬を燃やし、硝石の煙で部屋を燻蒸《くんじょう》することであった。

ペストの流行は八月、九月に絶頂期を迎える。どの教区でも死者数は毎

表13　3教区と全市における総埋葬数

週の最終日	埋葬数(ペスト／総数)			
	セイント・ジャイルズ・イン・ザ・フィールズ	セイント・ジャイルズ・クリプルゲイト	セイント・マーガレット・ウェストミンスタ	全130教区
7月4日	140／203	32／98	26／50	470／1006
11日	213／268	49／103	34／58	725／1268
18日	218／268	114／232	56／79	1089／1761
25日	329／370	208／421	98／120	1843／2785
8月1日	229／282	302／554	101／133	2010／3041

Moote, A. L. and D. C. Moote, *The Great Plague*, Baltimore/London, 2004, p. 119.

週木曜日の朝、公共の場に備えられた告知表に掲示された。市民はそれによってペスト流行の動向を知ることができた。もっとも広範囲に感染した教区は人口稠密《ちゅうみつ》なセイント・ジャイルズ、セイント・ジャイルズ・クリプルゲイト(以下クリプルゲイト)、セイント・マーガレット・ウェストミンスタであった。それら三教区と全市の一三〇教区における七月の埋葬数をまとめたのが、表13である。それをみると、クリプルゲイトが七月末には人口比からみてもっとも多くのペストによる死者を出している。以下では、そのクリプルゲイトをもう少し詳細にみてみよう。

そこは面積四四アール、ロンドン最大の教区で、市壁の内外両方にまたがって、人口約二万であった。織物・衣類の製造業が中心で、職工、印刷工、小売商、行商人、労働者など雑多な人びとで構成されていた。

クリプルゲイトで最初の埋葬がおこなわれたのは六月二日で二人。六月六日にひとり。その後一一日間何事もなく……といった調子で、結局六月には二九人の埋葬が生じた。それが七月には急増し、八月、九月には狂気じみた数値になる。八月十八日には、一五一人を埋葬した。一日の記録としてはそれまでになかったことである。教区司祭は真っ先に逃亡し、副司祭に任せ切りであった。結局、副司祭は生き延びたが、教区書記、教区委員らは死亡するか逃亡した。それらに代わって尽力したのが非国教徒の聖職者であったが、六人がペストで死亡した。教区の外科医は九月五日に死亡した。結局、七、八、九月にクリプルゲイト教区では、ペストで六六四〇人が失われた。この分だとどれだけ記録されないで亡くなっているかわからない。A・ロイド・ムートによると、年末までにほぼ半分が死亡したのであった。

流行の終息

やがて、ペストによる死者の減少が始まった。減少のスピードは増加のそれより急速であった。ロンドン全体で九月の第三週は五五三三人、次には四九二九人、さらに次には四三二七人へ減少した。十月十日～十七日には二六六五人、その次は一四二一人であった。五週間ででた死者数は九月の悲劇的な記録の五分の一以下になった。減少はさらに続き、人びとに安堵感がみなぎる。ピープスは十一月二十二日の頃で、

しかし、なによりも、ペストがずいぶん下火になったと聞いてうれしい。全体の数が一〇〇〇以下で、ペストは六〇〇少々だ。さらに減る望みもある。というのは、今日はとてもひどい凍てつきで——ずっと凍りっぱなしだから。[84]

と、述べている。九月中旬の寒波の到来以来、ロンドン市民は気温の低下を流行の終息に結びつけ、期待していた。ピープスの証言のように、十一月は寒かった。その厳しい寒さはその月が終わるまで続いた。

London 35 From the 15 of August to the 22. 1665

	Bur.	Plag.		Bur.	Plag.		Bur.	Plag.
St Alban Woodstreet	11	8	St George Botolphlane			St Martin Ludgate	4	4
Alhallows Barking	13	11	St Gregory by St Pauls	9	5	St Martin Orgars	8	6
Alhallows Breadstreet	1	1	St Hellen	11	11	St Martin Outwitch	1	
Alhallows Great	6	5	St James Dukes place	7	5	St Martin Vintrey	17	17
Alhallows Honylane			St James Garlickhithe	3	1	St Matthew Fridaystreet	1	
Alhallows Lesse	3	2	St John Baptist	7	4	St Maudlin Milkstreet	2	2
Alhallows Lumbardstreet	6	4	St John Evangelist			St Maudlin Oldfishstreet	8	4
Alhallows Staining	7	5	St John Zachary	1	1	St Michael Bassishaw	12	11
Alhallows the Wall	23	11	St Katharine Coleman	5	1	St Michael Cornhil	3	1
St Alphage	18	10	St Katharine Crechurch	7	4	St Michael Crookedlane	7	4
St Andrew Hubbard	1		St Lawrence Jewry	2	1	St Michael Queenhithe	7	6
St Andrew Undershaft	14	9	St Lawrence Pountney	6	5	St Michael Quern	1	
St Andrew Wardrobe	21	16	St Leonard Eastcheap	1	1	St Michael Royal	2	1
St Ann Aldersgate	18	11	St Leonard Fosterlane	17	13	St Michael Woodstreet	2	1
St Ann Blackfryers	22	17	St Magnus Parish	2	2	St Mildred Breadstreet	2	1
St Antholins Parish			St Margaret Lothbury	2	1	St Mildred Poultrey	4	3
St Austins Parish			St Margaret Moses	1		St Nicholas Acons		
St Bartholomew Exchange	2	2	St Margaret Newfishstreet	1		St Nicholas Colesabby	1	
St Bennet Fynck	2	2	St Margaret Pattons	1		St Nicholas Olaves	3	1
St Bennet Gracechurch			St Mary Abchurch	1		St Olave Hartstreet	7	4
St Bennet Paulswharf	16	8	St Mary Aldermanbury	11	5	St Olave Jewry	1	1
St Bennet Sherehog			St Mary Aldermary	2	1	St Olave Silverstreet	23	[illegible]
St Botolph Billingsgate	2		St Mary le Bow	6	6	St Pancras Soperlane		
Christs Church	27	22	St Mary Bothaw	1	1	St Peter Cheap	1	1
St Christophers	1		St Mary Colechurch			St Peter Cornhil	7	6
St Clement Eastcheap	2	2	St Mary Hill	2	1	St Peter Paulswharf	5	2
St Dionis Backchurch	2	1	St Mary Mounthaw	1		St Peter Poor	3	2
St Dunstan East	7	2	St Mary Sommerset	6	5	St Steven Colemanstreet	15	11
St Edmund Lumbardstr.	2	2	St Mary Stayning	1		St Steven Walbrook		
St Ethelborough	13	7	St Mary Woolchurch	1		St Swithin	2	2
St Faith	6	6	St Mary Woolnoth	1	1	St Thomas Apostle	8	7
St Foster	13	11	St Martin Iremongerlane			Trinity Parish	5	3
St Gabriel Fenchurch	1							

Christned in the 97 Parishes within the Walls—— 34 Buried—— 538 Plague—— 366

St Andrew Holborn	232	220	St Botolph Aldgate	238	212	Saviours Southwark	160	120
St Bartholomew Great	58	50	St Botolph Bishopsgate	288	236	S. Sepulchres Parish	403	274
St Bartholomew Lesse	19	15	St Dunstan West	36	29	St Thomas Southwark	24	21
St Bridget	147	119	St George Southwark	80	60	Trinity Minories	8	5
Bridewel Precinct	7	5	St Giles Cripplegate	847	572	At the Pesthouse	9	9
St Botolph Aldersgate	70	61	St Olave Southwark	235	131			

Christned in the 16 Parishes without the Walls— 61 Buried, and at the Pesthouse—2861 Plague—2139

St Giles in the fields	204	175	Lambeth Parish	13	9	St Mary Islington	50	45
Hackney Parish	12	8	St Leonard Shoreditch	252	168	St Mary Whitechappel	319	270
St James Clerkenwel	172	172	St Magdalen Bermondsey	57	36	Rotherith Parish	7	2
St Kath. near the Tower	40	34	St Mary Newington	74	52	Stepney Parish	371	273

Christned in the 12 out Parishes in Middlesex and Surry— 49 Buried—1571 Plague—1244

St Clement Danes	94	78	St Martin in the fields	255	193	St Margaret Westminster	220	191
St Paul Covent Garden	18	16	St Mary Savoy	11	10	whereof at the Pesthouse		13

Christned in the 5 Parishes in the City and Liberties of Westminster— 27 Buried— 598 Plague— 488

図10　1665年の総死亡告知表

十二月には、若干の暖かい日があったが、それ以外はほとんど間断なく厳しい寒さが続いた。テムズ川には浮氷がいっぱいになった。

死者がロンドンで減少したと知れると、街は再び賑わいを取り戻した。周辺の農村から超満員の馬車が次々と戻ってきた。空き家には人が住み始め、店が再開された。新年になると、市壁内の教区には、通常の状況がよみがえってきた。西端の市外教区だけが流行の打撃が大きく、空っぽのままであった。

しかし、危機管理の部局が気を許すことはなかった。流行の下火や帰還を祝う宴会は自粛させていたし、人の集まりには警戒していた。ロンドンの場合、流行の下火は全市的な消毒による滅菌作業という主体的な行動によるのではなく、寒冷な気象条件という外因的条件にのみよっていた。したがって、ペストはある一定の時期を画して終息するものではなかった。つまり、いつまでも尾を引く流行だったのである。その証拠に、死亡告知表によると、一六六六年になってもペストの死者は一月に三三四人、二月に二二二人、三月に一〇七人、四月に一一八人でていた。ペストはその後も存続し、その年の大火(九月二～七日)をかいくぐり、一六七九年の一件を最後にようやく消滅した。

国王は出発したときと同様にこそこそと二月一日ホワイトホール宮へ帰還した。続いて高等法院も帰還し、二月九日、ウェストミンスタホールで開廷した。宮廷、枢密院、四法学院も二月には帰還し、活動を再開した。だれもペストの流行はいつ終息したのか決めかねた。政治・司法・経済などの機能がしだいに回復したため流行は終息した……と勝手に思っているにすぎない。ロンドンのペスト大流行とはその始まりといい終息といい釈然としないが、一応二月を終息としておこう。

以上の大流行により、ペストの犠牲者はどれほどでたのであろうか。死亡告知表は一六六五年におけるペストの死者数を六万八九五六人と報告した。それに一六六六年一～二月分の死者合計五五五六人を加えると、六万九五一二人になる。ジョゼフ・P・バーンにならって、それにその時代の検査・記録の関係者の無知と恣意《しい》を考えれば、七万五〇〇〇人から八万人の死者がでたとするのは妥当と思われる。ペストの種類は腺ペストであった。

第十章　マルセイユの大流行　一七二〇〜二二年

一七二〇年のマルセイユ

マルセイユはフランスの地中海側の海港都市である。人口約一〇万（一七一六年で約八万と推定する考え方もある）で、パリに次ぐフランス第二の都市であった。それは古代にギリシア人の植民都市として始まり、中世以来、地中海側玄関口として中近東貿易を一手に引き受けてきた。そのため、香辛料、絹織物といった東方の商品や綿花、木綿、織物、小麦といった中近東の商品が多量に入ってきたが、ペストのような疫病もまた侵入してきたのであった。ペストの流行は一三四七年の黒死病のそれから数えただけでも二三回あった。その二三回目、最終回が一七二〇年のペスト大流行であった。

最後の流行をもたらしたのは中近東から帰国した一隻の貿易船であった。それは二四三トンばかりの三本マスト横帆の木造船で、船名をル・グラン・サン＝タントワーヌ号（以下サン＝タントワーヌ号）という。船長はジャン＝バティスト・シャトーであった。

同船はシリアのトリポリから乗客一〇人を乗せて帰途についた。同地で、船長はフランスの副領事から三月二十五日付の健康証明書（当港には疫病が流行していないと明記した書類）を交付されていた。ところが、四月五日、最初の事件が発生した。乗客のひとりが死亡したのである。伝統により、遺体は水葬にされた。四月七日、船はキプロス島のテルナカへ寄港し、乗客を降ろした。四月十八日、領事から新しい健康証明書を交付され、フランスへ向かった。しかし、再び事件が発生した。それは航海中次々と、結局五人も乗組員のなかから死者がでたことにある。さらに、コルシカ島沖までくると、もう三人の乗組員が発病した。そのため、船長は病気についての相談と食糧補給をかねて、イタリアのリヴォルノへ寄港し、船上で生じた事件を申告した。五月十七日、船上では乗組員が三人死亡した。船長は遺体を陸上に運び、リヴォルノの保健衛生当局に症状と経過を報告する。そこで、当局の医師が検死をしたが、伝染性の悪性熱病と診断を下した。このことは船上の人びとをおおいに安心させた。ペストではないかと疑っていたからであった。五月十九日、船長は当局から健康証明書の裏に、船長のリヴォルノ滞在記録と医師の検死結果を記入してもらい、マルセイユへ出帆した。

しかし、二十世紀後半新しい史料が発見され、新しい解釈が生じた。それはトゥーロン病院史料館に保存されていたある商人とトゥーロン市のある助役の証言である。それらと現代の研究者たちの言説を整理してまとめると、サン＝タントワーヌ号はリヴォルノに寄港する前に、なんとマルセイユに近いフランスのトゥーロン港に入港していたのであった。それにはいくつかの仮説があるようだが、なかでも史料を発見したピエール・ヴィアットによると、船長は船内に発生した病がペストであると確信し、自分の船に多量の大市に出品する積荷をかかえていて、それを大市が開催される七月二十二日より前に荷揚げしなければならないことを強く意識していた。その大市とは、マルセイユに近いボーケールで開催される国際大市で、地中海全域の商人が参加する大規模なものであった。当時どのような方法をとったのか憶測の域をでないが、船長は上陸して、マルセイユの船主や荷主と連絡をとったものとされている。なかでも、有力荷主のひとり(積荷全体の四分の一の荷主)には、市長ジャン＝バティスト・エステルがいた。彼は立場上の影響力を行使して、人と積荷を早く上陸させると約束したものと思われている。船がリヴォルノに寄港したのも、マルセイユへ上陸する新しい証明書を入手するためであったと考えられている。しかも、都合のよいことに、リヴォルノで得た検死結果はペストではなく悪性熱病であった。かくして、ペストでさえなければ、積荷はマルセイユでスムーズに荷揚げされる手筈であったという。

五月二十五日、サン＝タントワーヌ号はマルセイユへ帰港した。それは一〇カ月と三日に及ぶ長い航海であった。船長は保健委員会に保健監察官を訪ね、領事たちの交付した健康証明書類を提出し、九人が熱病で死亡と報告をしたのであった。しかし、その報告は一度は保健委員会の記録簿に挿入されながら、だれかが破棄したとみえて失われていた。一〇日後、保健監察官が書き改めている。明らかに、だれかが記録簿を再検討したのであった。書き改められた記録簿には、船の日程、旅程、乗客の数だけしか言及がなく、証明書類は添付されていなかった。

ペストの侵入

マルセイユは一六六四年以来ペストを経験していなかった。そのため、ペストがどのような病か観念的にわかっていても、実感がなかった。ましてペストの知識となると、医師ですら心もとなかった。

五月二十七日、ひとりの乗組員が死亡した。遺体は保健委員会付きの医師グラールの検死を受けた。彼は皮膚にできるペストの瘢痕《はんこん》を知らず、死因を特定できなかった。こうして、せっかくのペスト発見のチャンスは先に延ばされることになった。保健委員会はサン゠タントワーヌ号一行の検疫について検討に入る。そしてついに、六月三日、検疫所で乗組員と積荷の検疫が、ポメーグ島という港外の地区で船の検疫が、おこなわれることになった。期間は積荷が四〇日、船が三〇日、乗船者が二〇日と定められた。それは一見厳しい措置であった。しかし、抜け道はいくつも残されていた。たとえば、検疫中の乗組員は塀越しに妻子や友人と談笑し、食物などを受け取っていたし、通用門から妻たちに汚れた下着類などを渡し、洗濯を依頼していた。また、乗組員には、小規模な個人輸入が認められていた。そうした輸入品はとかく好まれる布地などの禁制品が主体であった。彼らはそれを塀越しに、家族や密輸業者に投げ渡していた。汚れた洗濯物は洗濯屋に、輸入品は生地屋や仕立屋に持ち込まれ、ペスト菌の移動は十分可能であった。

五月二十七日から二週間以上のあいだ何事も生じなかった。ところが、六月十三日から次々と積荷を扱った人夫や監視人から死者がでたのであった。六人も死亡した。グラールはまだ気づかなかった。保健監察官たちは不安に駆られ、ほかの外科医を検死に加えることにする。その結果、ひとりが検死後ペストの症状を認めたため、慎重を期して再検死することにし、さらに二人の外科医を加えた。彼らは死体にリンパ節腫《しゅ》と黒っぽい腫物《はれもの》を見つけ、ペストと断定した。無能なグラールのため遅れたペストの判定が下されたのである。保健委員会はただちに市当局とプロヴァンスの地方長官ル・ブレにペスト発生の報告をし、エクス高等法院には文書で通知した。かくして、公権力機関は検疫所におけるペスト発生を把握したのだった。

ペストは市内へどのようにして侵入したのであろうか。結論から先取りして指摘するなら、先に述べた洗濯物や輸入品を介してのことと推定される。なかでも、個人輸入の商品に注目すべきであろう。マルセイユでは、一七二〇年三月、高等法院の院内判決で、中近東産の色物布地の輸入は禁止された。しかし、禁制品でありながら、検疫期間中から民間に流れていたのである。その結果、市内の内科医の証言では、最初のペスト患者はお針子、仕立屋、古着屋、密輸業者などであった。

市内における死者第一号は検疫所でペストの診断がでるより一八日も早い六月二十日にでた。それはある下着製造業の女主人で、彼女自身がお針子であった。彼女の唇には炭疽《たんそ》がでていた。第二号は六月二十八日で、仕立屋であった。それからは下着製造業者や密輸業者など関係の深い人びとを中心に拡大し、市内の内科医にペストと確認されたのである。七月九日、彼らは市参事に市中の流行はペストだと通報した。整理すると、市当局は検疫所から七月八日、市内から九日にペスト発生の報告を受けたことになる。しかし、市当局はペストの流行には半信半疑で、きわめて鈍い反応であった。各国港湾都市への通報は、七月十五日付で、「検疫所では伝染病が発生したが、市内は良好な状態にある」という誠実さに欠けるものであった。

他方、市内では、ペストのうわさは非常に早く広まっていた。七月二十日を過ぎると、それは全市に及んだ。二十一日、当局は事態が深刻なことにやっと気づき、緊急対策を決定する。それは流行の初期ならば中世以来どこでも採用されていた、(1)遺体の収容は夜間に実施、(2)患者は在宅療養とし、見張りを配置、(3)塀の設置、(4)病院開設の準備など公衆衛生的措置であった。二十三日には、その日一日だけで一四人のペストによる死者がでた。

かくして、二十八日、当局は市庁舎に内科医と外科医を招集して初会合を開き、協力を要請する。二十九日、司教ベルザンス・ド・カステルモロンは司祭と修道女を集め、今後の方策を協議し、宗教行列を中止した。三十一日、ガレー船隊長官ド・ランジュロンが港内のガレー船を移動させ、民間の船との接触を避けさせた。そうした公的組織による措置はその時点で考えられる最善の方策であった。

流行の拡大

事態は当局の予想を上回る速さで進行した。七月三十一日、エクス高等法院はある院内判決を出した。それはマルセイユ市民に市壁の外へ出ることを禁止する判決、すなわち、市民が地方へ拡散するのを阻止するための措置であった。その判決が知れると、市門が閉鎖されると考えて、多くの市民が脱出を試みた。八月に入ると、商店も教会も閉鎖された。肉と魚は関係者の脱出で手に入りにくくなった。パンの価格は高騰した。八月五日には、民衆が価格高騰をめぐり、市庁舎に抗議した。そのため、当局はパンの公定価格を決めねばならなかった。

ペストは新市街にも拡大し、九日には、死者は日に一〇〇人に達した。八月中旬、当時の摂政《せっしょう》オルレアン公フィリップの命令で、モンプリエ大学から三人の医師団が派遣されてきた。彼らは市内の患者を診察し、遺体を解剖し、地元医師と協議し、ペストと結論を下す。にもかかわらず、当局は公式にペストと認めたがらなかった。まだ、外聞をはばかっていたのである。結論を公示する際にも「伝染性の悪性熱病」とした。その頑迷さは犯罪的であるが、市民のだれもがペストであることを知っていた。八月下旬、いまや死者は日に三〇〇人に達した。当時マルセイユでペストの治療にあたった内科医ベルトランは『一七二〇年におけるマルセイユの歴史的ペストの報告記』のなかで、

　八月二十五日頃、ペストの毒性は頂点に達したように思えた。それは個人に攻勢をかけるのではなかった。それは同時に家族全員を、通り全体を襲ったのだ。一軒の家も感染を免れることはなかった。市内の地区はどこも危険をともない、近寄らないようにされた。[85]

と述べている。

さらに多くの市民が市外へ脱出した。一説によると、脱出者四万人といわれる。なかには、職務を放棄した保健監察官一六人のほぼ全員、市の参事七人中四人、市議会の議員、警察幹部、病院の責任者、市の上級職員、医師らもいた。彼らはプロヴァンス、アヴィニョン教皇領、ラングドックなど近隣地方へ逃亡した。

市内に踏み止まった都市行政のトップは市長エステルと三人の市参事ムティエ、デュデ、オディマールで、彼らが責任を分け合った。なかでも、例のサン＝タントワーヌ号の荷主であったエステルは注目に値

する。彼は最初マルセイユにペストをもたらしたとして非難されたが、その危機に対処し、献身的に働いたことが評価され、流行の終息後、ほかの市参事らとともに貴族身分に取り立てられている。そのほかに、市外からは王権の代表二人が支援してくれた。ひとりはプロヴァンスの地方長官ル・ブレ、もうひとりは地方総督ヴィラール公爵である。

やがて九月初旬、市当局は死者が一〇〇〇人もでるようになったとき、いよいよ追い詰められ、ペストと認めた。その点では、狭量な事務屋であったが、流行を前にしてひるむことなく、果敢に立ち向かって

図11　17〜18世紀のペスト医師の服装　17世紀初頭にペスト患者に接したフランスの医師が着用していた防護服は，18世紀のマルセイユのペスト大流行でも着用された。これは1720年にマルセイユでペスト医師の服装を着用したシコワノ氏を描いた図。1630〜31年のイタリアでのペスト流行では，ボローニャ，ルッカ，フィレンツェばかりかトスカーナ地方の小村でも利用され，1656〜57年の流行ではジェノヴァやローマでも利用された。

いった。彼らの課題は二点に集約できよう。ひとつは食糧供給の問題、もうひとつは患者と遺体処理のそれであった。彼らはそれらの難題にひとつひとつ誠実に取り組み、市《いち》の設定三カ所、病院の開設五カ所、遺体収容と埋葬の実施などを実現した。しかし、たとえば病院ひとつをとっても、その内実はひどいものであった。ベルトランは、

病院の様子はそれはひどいものであったから、比類のない頑迷な心の持ち主でもついやさしい気持ちになってしまうであろう。どこも患者、瀕死の者、死者でいっぱいである。……連中はばらばらになって見渡す限り、地面や石の腰掛けに横になっていた。一番広々とした場所に寝かされた人でさえ、ただのワラ製のマットレスの上に寝ているだけで、シーツもなければ毛布もなく、どんな掛け布もあてがわれていなかった。86

と心を痛めている。

九月二日の時点で、すでに多くの死者がでていた。聖職者の五分の一にあたる二五〇人、市の雇用した外科医三〇人中二五人、民間のペスト監視隊三五〇人、市警察の警官全員、ひとりを除く街区長(担当街区の世話役)全員であった。それは市行政の崩壊を意味していた。かくして、市政の空白に強力な中央権力のイニシアティヴが要請され、王権が動き出すことになった。九月十二日、五日付の王令により、王権はガレー船隊長官ド・ランジュロンにマルセイユ市の行政権を移管した。はじめて、王権が正面から危機に対処する姿勢を打ち出したのである。それ以来、彼は市当局(市長は対外交渉と治安、オディマールは食肉管理、デュデは穀物・パン・薪、ムティエは遺体処理を担当)を指揮下に、ガレー船隊の兵士と陸軍の兵士を

利用して、市内の清掃、消毒、食糧供給、治安回復、秩序維持などに取り組んだ。

さらに、そこへ自発的に無償で人のいやがる仕事に積極的に取り組む勇気ある人士が登場した。それはニコラ・ローズ騎士であった。彼はド・ランジュロンに協力し、志願兵を募り、街路やラ・トゥレット広場に放置された多くの遺体を片付け燻蒸《くんじょう》消毒をした。

流行の後退

やがて、十月の声を聞くと、北風のもたらした寒気とともに、ペストの後退が始まった。初旬、死者は日に二〇〇人へ、二十日には二〇人へ減少する。十一月後半になると、日に二、三人の死者になった。商店は再開され、生活が少しずつ元へ戻ってきた。市内の清掃、患者の衣類の焼却、感染家屋の消毒が年内に終了した。再婚ブームも始まる。翌一七二一年八月十九日、最後の患者が入院し、それから新しい患者がでないで四〇日が経過したので、九月二十九日、流行は終息したと判断された。

それで悲劇は終焉《しゅうえん》を迎えたかにみえたが、翌一七二二年四月初旬、疑わしい死者がでる。ペストの再発であった。五月になると、死者が増え始め、危機の再来かと思われた。しかし、幸いにも初期の対策が功を奏して、間もなく封じ込まれて、死者わずか一七四人を出しただけで終息した。その動向はフランスの内外で手厳しい反応を引き起こした。防疫線が再建され、徹底的な消毒が要求された。その結果、たとえばペストが消滅しても、マルセイユへの監視の目は厳しく、国内との交易ですら王権の許可を必要とし、外国との貿易は一七二三年三月以後のことであった。

ペスト関連の支出はどうなっていたのであろうか。一七二二年二月十日、地方長官ル・ブレが明らかにしたところによると、それは三〇六万七九〇六リーヴルであった。研究者らはそれを市が年間に徴収する額からみて多すぎるとする。(1)市民への肉とパンの無料配給は一七二〇年十一月に打ち切られている。(2)内科医、外科医、薬剤師の報酬は一七二一年一月末に打ち切られ支払われている。(3)病院の運営上の支出は一七二〇年十二月以来急減し、翌年七月に消滅する。以上の理由からペスト財務官が提出した会計報告を基本史料に計算した一四七万二八九四リーヴルを妥当としている。マルセイユ市によってではなく、それはすべて流行病の名目でマルセイユ市に貸金と信用貸しを与えた人びとによって支払われた実質的な金額である。要するに、マルセイユ市の負債(借金)であった。それまでの通常収入が年に三〇万~四〇万リーヴル、一七一九年の時点の借金が四〇二万六七八七リーヴルであったことに照らすと、ペストの流行による支出は大変な負担増であった。しかし、他方で王権は租税を一五年に割り振って四五〇万リーヴル、州三部会は租税を四一万五〇〇〇リーヴルそれぞれ減税したのだった。それは今日のように、減税の経済効果について試算されるようなことがなかったので、実際のところはわからないが、マルセイユの復旧に貢献したものと考えられる。

この大流行により、どれだけの人的損失を出したのであろうか。ビラバンによると、死亡に関する史料は地方によってまちまちで、プロヴァンスについてはある程度判明するものの、ほかの地方については不完全で、かなり雑な推定を含むことになろう。それを承知のうえで紹介するならば、プロヴァンス地方では、死者総数は一〇万四五二六人、一〇〇人当りの死亡率三七%である。マルセイユ市だけだと、人口一〇万、ペストによる死者五万人、死亡率五〇％である。プロヴァンス地方の死者にアヴィニョン教皇領とラングドック地方で生じた死者を加えるなら、控え目な計算だと一〇万九〇〇三人、可能性のある計算だと一二万八〇〇人である。死亡率は総人口が不明なので算出されていない。いずれにしても、莫大な損失である。ペストの種類は腺ペストで、一部敗血症性ペストがみられた。

第十一章　ペストの克服

公衆衛生の充実

　十六世紀までにペストの流行に対抗して案出された仕組はすでに第六章で指摘したが、近世、とくに十七～十八世紀になると、それは一層行政の努力により精緻になっていた。たとえば、都市の公衆衛生的措置ひとつとってみても、多くの点が加えられている。ある都市にペストが到達するという情報が届いたとしよう。市当局はただちに市の内外の清掃に着手し、市門監視の強化、健康通行証の提示要求をおこなったし、医師・薬剤師の確保、薬剤の確保、医療体制の把握に気を配った。それが近世には、ペスト病知識の普及（トゥルーズ）、市内における動物の取扱い（パリ、トゥルーズ、リヨン、バルセローナ）、事前に作成されたマニュアルや関連法規の利用（パリ、トゥルーズ、ヴェネツィア、ミラノ、ロンドン、ウィーン）などが加えられた。

　ペストが市内で発生し流行が始まると、当局は強制隔離や在宅治療の体制に腐心し、病舎の手配や建設をおこない、病舎スタッフの確保、検疫の実施、遺体の埋葬などに取り組んだ。それが近世になると、医師団の派遣(ジローナ、マルセイユ)、患者をペストと判定する検査員の選定(ロンドン、ウィーン)、隔離用の見張りの配置(ロンドン)、死亡告知表の作成(ミラノ、マントヴァ、トゥルーズ、バルセローナ、ロンドン)、家具・衣類の焼却(フィレンツェ、ミラノ、ボローニャ、トゥルーズ、バルセローナ、ウィーン、マルセイユ)、そして消毒(パリ、トゥルーズ、バルセローナ、ロンドン、ウィーン、マルセイユ、モスクワ)がおこなわれた。その場合の消毒とは燻蒸《くんじょう》消毒であった。それは全ヨーロッパ的に受け入れられ、滅菌効果があると考えられた。

加えて、防疫線設定も大規模化していた。もとより、防疫線とは最初一三四八年ミラノに、次に一四七七年ポルトガルのコインブラにあらわれた方法で、路上に壁をつくって通行を遮断し、ペストの侵入を防いだのであった。近くは一六五〇年、カタルーニャのジローナ、五一年、バルセローナで杭が打ち込まれて境界線をなし、ペストの侵入を防止するため人の往来を禁止したが、マルセイユのペスト大流行に際しても、後背地のプロヴァンス地方にいくつもの防疫線が設定された。なかでも長大な防疫壁は一七二一年三月から政府の命令で着手されたものであった。それは図12で明らかなように、ボンパスからシステロンまで約一〇〇キロに及んでいた。それは幅一・九五メートルの溝と高さ一・九五メートルの空積みの石壁からなっていた。建設には莫大な費用がかかり、防疫線に面した市町村が負担したが、維持と警戒には三万五〇〇〇人の国王軍があたった。

しかし、それより大規模で長期にわたり維持されたのが、オーストリア、オスマン両帝国国境の防疫線

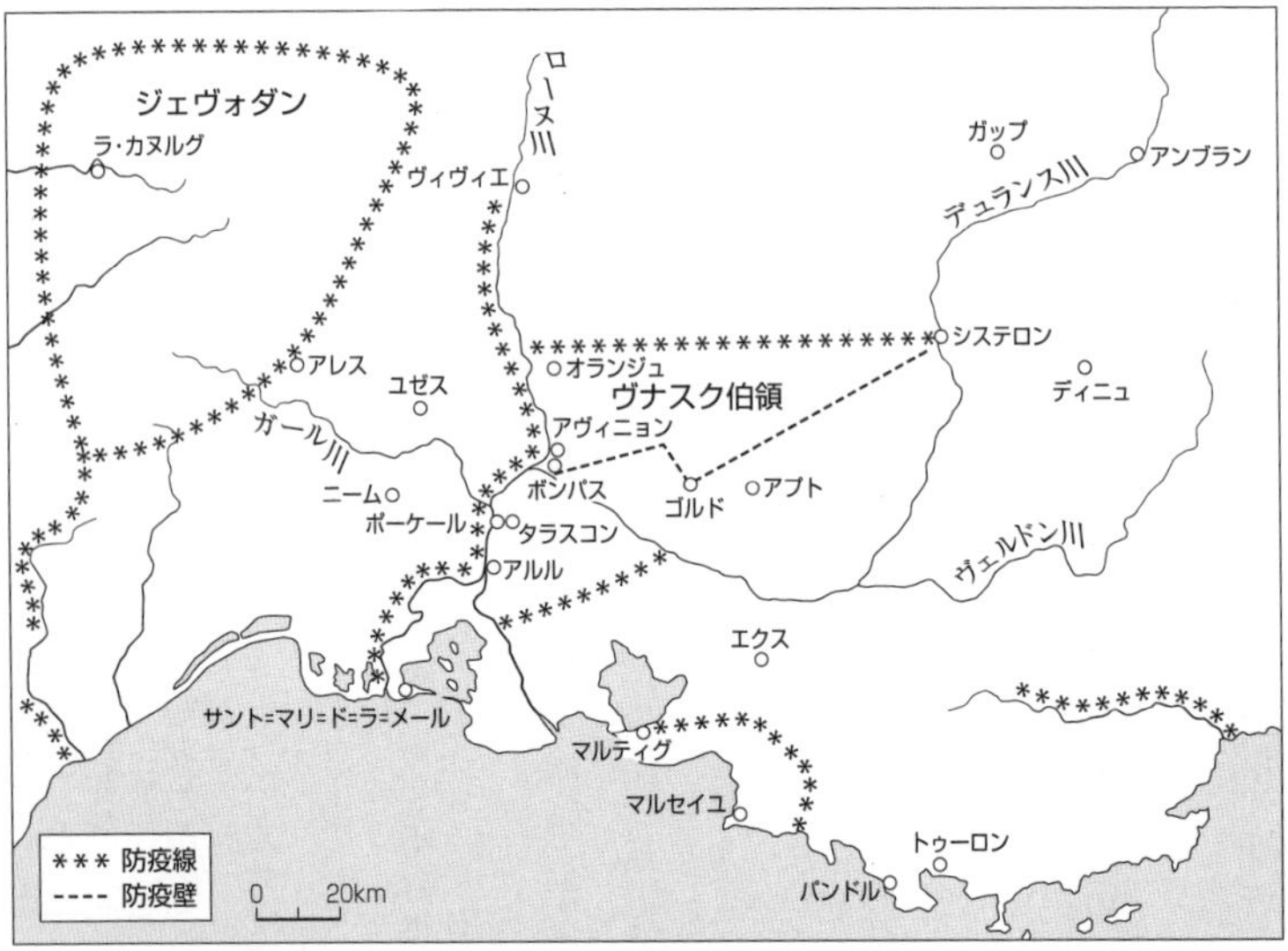

図12　マルセイユ周辺での1720年のペスト防疫線

であった。一七一八年、皇帝カール六世は東方から侵入するペストの危険からオーストリアを守るため、軍事境界線を防疫線に変更して設置する決定をした。それから一〇年の準備ののち、一七二八年十月二十二日、防疫線の設置が公布された。それは長さ約一九〇〇キロに及ぶ長大な遮断線で、バルカン半島の付け根にあたるカルパチア山脈からアドリア海沿岸にまで及んでいた。この防疫線は当時の公衆衛生的措置のなかではほかに類をみないほど組織的で、帝国軍事会議がウィーンから直接指揮し、無給の農民兵を主体に、年に五カ月間現地に張り付けて越境者を監視させ、一七九九年まで一〇万人以上を動員していた。防疫線上には、マスケット銃の射程距離を基準にした間隔で丸太小屋の監視所、チャルダーケが設置されていた。こうした防疫線の制度は一七七〇年のペスト法のなかにまとめられ、確立したのである。それによると、人と物資が国境を正規に通過するには、検疫所か簡易検疫所で検疫を受ける義務があった。物資では、主要な輸入品であった綿花と羊毛が感染源になりやすいため警戒され、梱《こり》の上に人を寝かせて発病の有無が調べられた。そのほかの物資は洗浄、風通し、燻蒸などを施された。人の場合はオスマン帝国領内におけるペストの発生状況に応じて検疫期間が二一日、二八日、四二日と決められた。たとえば、ドナウ河畔の都市ゼムリンには、一七五四年に建設された検疫所があって、旅行者は収容される前に硫黄《いおう》、硝石、ふすまからなる薬剤で燻蒸され、西ヨーロッパの都市並みの扱いを受けている。防疫線が設定されてから、少なくともウィーンがペストに襲われることはなくなった。しかし、隔離・封鎖は貿易に悪影響を与えるため否定的に考えられるようになり、一八五七年「ドナウ通行協定」が結ばれて、検疫制度が事実上廃止された。そのため、防疫線の役割も終焉《しゅうえん》を迎え、一八七一年に廃止された。

社会的措置の充実

社会的措置も充実する。ある都市にペスト接近の情報が届いたとしよう。当局はただちに食糧の備蓄、治安の維持などに取り組んだ。近世になると、一層きめ細かく考えられるようになり、ペスト予防の広報活動をして、パンフレットの刊行をしたり(トゥルーズ、ロンドン、ウィーン)、穀物の高騰を恐れて市場を監視し(トゥルーズ、バルセローナ)、穀物やパンの流出を厳しく制限した(トゥルーズ、バルセローナ)。ペストが市内で発生し、流行が始まると、当局は価格高騰が生じた場合、市民の市内脱出を大目にみて需要の減少による価格の下落に期待したり(バルセローナ)、公定価格の設定をしたり(マルセイユ)してしのいでいた。

しかし、いよいよ追い詰められ、食糧事情が悪化すると、パンの配給(バルセローナ、マルセイユ)が、修道院のような団体生活の場ではまとまった量の食糧援助(トゥルーズ)が実施された。さらに、多数の貧困者を食べさせるために、非常手段が試みられることになった。それは経済的にまだ余裕のある個人の家に分宿させて食べさせるか、金銭を与えて帰す方法(トゥルーズ、リヨン)であった。それは食糧事情が飢饉のレベルに達した段階にみられる手段であったが、トゥルーズの場合、分宿によっては貧困者全員を食べさせることができなかったので、公共土木事業に雇用し、空いた穀物倉で寝泊りさせる方法も併用された。

行政当局の勝利

公衆衛生的措置でもない、社会的措置でもない注目すべき大きな措置は、法の制定とそれに依拠して実行する行政当局の行動である。当時ペストのもたらす危機に対応する法規は皇帝や国王の出す勅令・王令から高等法院が管轄区域内全体に効力を及ぼす高等法院裁決、都市の市域内に効力を及ぼす都市条令などさまざまであった。それらが一括して俗にペスト法と呼ばれた。疫病一般の法は起源をたどればフィレンツェで、黒死病の流行より前の一三二一年までさかのぼることができるが、四八年のピストイアにおける都市条令あたりからかたちをなし、近世に至ったのである。それは長い年月をかけて積み上げて完成したのであった。近世におけるその典型をイングランドとロンドンの『疫病規制法令集』にみることができる。

それは一五七八年印刷に付された王国全体に施行される『疫病規制法令集』と八三年に刊行されたロン

ドンについてのみ施行される『ロンドン疫病規制法令集』の二種類があった。前者はその後一五九二年、九三年、一六〇三年、二五年に版をかさね六六年に改訂された。後者は一五八三年の版では、感染者の寝具と衣類の乾燥消毒、葬式の管理、街路の清掃、浮浪者の排除、流行時の演劇の禁止……を規定したが、枢密院と市当局の見解の相違から、多くの規定が見送られた。その後、後者では、一五九六年にペスト病舎の開設などが実現したが、一六〇八年、〇九年には若干の追加が生じたものの、三〇年、三六年、四六年、六五年にはそのまま版をかさねることになった。

結局、ペスト大流行を経験し、行政当局の当事者としてクレイヴン伯に生じた反省から、改訂の方向がでてきた。それはペスト感染者を自宅で隔離することの困難さとそれが実施された場合の感染者と未感染者との接触を阻止できないもどかしさであった。その結果、一六六六年のイングランドを対象にした『法令集』では、感染者の病舎への収容、各都市での病舎の建設が定められた。それはイングランドにおけるペスト対策上の飛躍的な発展であった。

そのほかの国でも、ペスト法は大なり小なり形成される。イタリアはもちろんのことフランスでも十五世紀から制定された。フランスの場合高等法院ごとにその管轄区に適用される高等法院裁決が典型で、一六二九年七月十七日、エクス高等法院ででた全文一二七カ条などが興味深い。オーストリアのウィーンでは、一五六二年の伝染病条令からしだいに法規の積重ねが生じる。かくして、ペスト法の歩みは遅いものの、確実に成長して十八世紀を迎えるのであった。

さらに、行政当局についてはどうか。近世になってからも、すでにみたように行政当局の措置はバラバラで先進的な当局もあれば後進的な当局もあった。当局の実態も、地方的な行政当局の場合もあれば、中央的な行政当局のこともあった。しかもそれらの当局は個々に独立した存在で、ひとつの流行に対して複数の当局が介入することが少なくなかった。同一の流行であるのに、地区によっては分割され、別の当局が設置されることもあった。そのことは一六六五年のロンドンについていえた。そこではすでに指摘したように、大ロンドンは二つの行政当局に分割されていて、危機に際しても二つの当局に管理されたのであった。バルセローナに至っては、カタルーニャ地方の反乱、スペイン本国からの離脱、フランスへの属国化、戦争、飢饉、ペスト流行と事件がかさなったため、フランスの副王府、マザランの個人代表部、カタルーニャ議会常設代表部、カタルーニャ・フランス連合軍司令部、バルセローナ市当局……などがかさなり合い、主導すべき市当局も実態は把握し切れない。

しかし、危機管理の観点からみたとき、もっとも合理的で有効な当局のありようは一元化にあることは論をまたない。それはいつどのようにして実現したのか。一六三一年十月のトゥルーズの場合のように流行の深化とともに余儀なく生じることもある。そこでは、流行でスタッフが減少し、組織が定員不足で成立せず、組織を一本化せざるをえなくなり、一元制を実現したのであった。トゥルーズの場合は高等法院と市庁の合体によって成立したが、スタッフの死亡により一挙に崩壊してしまった。マルセイユの場合ははじめて国王顧問会議の裁決により、国王軍の将校が行政組織の首長に任命され、全権をふるうことになった。マルセイユでは海軍のガレー船隊長官ド・ランジュロンであったが、その後プロヴァンス地方のほかの都市では、たとえばアルルで、ドミニク・ジョソー少佐が任命されたように、陸軍将校が任命された。

その意義は大きい。以後突発的な事態が生じると、王権など中央権力が前面にでて、とくに防災の危機管理では、軍隊が使用されて効果をあげることになった。

加えて、ボランティア活動にも注目しなければならない。それまで中世以来、キリスト教の奉仕の精神から、多数の修道会が病人看護から教育までさまざまな分野での無報酬の奉仕をかさねてきた。しかし、ニコラ・ローズの活動は宗教と無関係に個人が自発的な意志により、無報酬で災害被害からの回復などに取り組んだ例のひとつであろう。彼はマルセイユの貿易商の家庭に生まれ、兄の経営する会社のアリカンテ支店を任されていたが、スペイン継承戦争に際し自腹を切って防衛軍を編成して奮戦、勇名を馳せた。その戦功により、のちにルイ十四世からサン＝ルイ騎士団の十字章を授与され、ローズ騎士と呼ばれるに至ったのである。一七二〇年、彼はマルセイユのペスト発生と同時に帰国し、大流行に遭遇した。彼は流行の惨状に心を痛め、ラ・トゥレット広場に放置された悪臭を発している二〇〇〇の遺体を処理するため、一〇〇人の漕役囚と四〇人のガレー船隊兵士を募り、危険作業に取り組んだし、旧港に浮かんだ一万匹の犬猫の死骸を網ですくいあげ、焼却した。それは現代まで続く個人のボランティア活動の歴史の第一歩であった。

以上、近世を中心に創設された危機管理をみてきた。その大半は行政当局の発案による対策と実行であった。当局はどこでも流行によって大打撃を受け、多くの住民を失ったが、そのつど経験を蓄積して学習し、減災のため努力をしてきたのである。その経験に基づく当局の対策が効果をあげたためであろうか、その理由はまだ断定できないが、近世ペストは一七二〇年のマルセイユのペスト大流行を最後に姿を消した。デュパキエやリュスネら研究者は、当局による対策としてのペスト封じ込め、とくに防疫線による隔離が効果的であったため、としている。西ヨーロッパでは、封じ込めによって、ペストの流行はなくなった、とされている。その後も生じるペストの流行は南ヨーロッパ、東ヨーロッパそれにロシアといった周縁的世界においてであった。たとえば、一七四二〜四四年のシチリア島メッシーナの流行、一七七〇〜七二年のモスクワの流行などは典型的といえよう。しかしやがて、それすらも消滅してペストの衰退が決定的になった。ペストの克服、それは近世ヨーロッパにおける最大の勝利のひとつであった。

終章　現代に生きるペスト

現代ペストの世界分布

　ペストはまだ生きている。それは世界保健機関（ＷＨＯ）によると、一九八四年から九二年までに一万一〇三〇件生じて、一二〇一人が死亡した。大多数の症例は腺ペストであったが、肺ペスト、敗血症性ペストもみられる。

　地域的にみると、アジアで流行や一定の症例が発生している。とくにモンゴル、中国、カザフスタン、イランには注目しなければならない。二〇〇九年七月、青海省《せいかい》では、肺ペストが発生し一二人の感染者を出したし、一〇年六月、甘粛省《かんしゅく》では、野生の齧歯類《げっしるい》タルバガンを捕食した道路工事作業員がペストで死亡した。中国当局が拡大阻止におおわらわであったことはいうまでもない。インド、ミャンマー、ラオス、ベトナム、インドネシアにも局地的発生がある。序章で触れた一九九四年九月、インドのグジャラート州で発生したペストの流行はその典型といえよう。

アフリカでは、アルジェリア、リビア、コンゴ、ウガンダ、タンザニア、マラウイ、モザンビーク、ナミビアなどにペストの流行が散見されるが、注目すべきはマダガスカル島であろう。一八九八年、インドからコメを積んできた船がペスト菌をもたらして以来、ペスト菌は島の中央部の高地に定着して流行を繰り返し、一九三三年の肺ペストの流行では三〇〇〇人以上の死者を出した。現在も流行は消滅していない。二〇一二年のペスト感染者は二五六人、死亡が六〇人、一三年九月以降一四年二月までに、感染者三一九人、死亡が七五人であった。現代におけるペスト症例の約四〇%がマダガスカル島で発生している、とされている。

十六世紀にヨーロッパ人がペストをもたらした南アメリカ大陸では、ブラジル、ボリビア、エクアドル、ペルー、チリなどに流行が散見される。ペルーでペスト患者が二〇〇九年に一五人、一〇年に六人でたことは耳新しい。北アメリカでは、一九〇〇年にアジアからサンフランシスコにもたらされた。そのときから、アメリカにはペストが定着し、西部を中心に今日に至るまで散発的な症例がある。一九〇〇年から二〇一〇年までに九九九の症例が発生している。かくして、世界保健機関が期待しているにもかかわらず、近い将来ペストを撲滅することは現状からみて不可能に思われる。

そのような現代を生きる病ペストは、人を死に追いやる一方、人を介してさまざまな文化的遺産を生み出し、人の心性・理性を揺さぶり、不安・恐怖ばかりか、感動、共感、同情、理解、反省、失望、期待、希望などをもたらしたのだった。その遺産とは制度や危機管理といった仕組の世界と次元の異なる人文的世界のそれであった。以下では、現代ヨーロッパが保有する文化的遺産を簡潔にまとめ、結びに代えよう。

文学

ペストは多くの文学作品を生み出した。まだ脚光をあびていない作品が多数古文書館に眠っているが、ここで問題とするのはすでに広く読まれ、一定の評価を得た作品である。中世に書かれた作品には、イタリアのボッカッチョの『デカメロン』、フランスのオリヴィエ・ド・ラ・エの『一三四八年の大ペスト詩集』、ギヨーム・ド・マショーの『ナヴァール国王の裁判』などがある。『デカメロン』は一三四八年フィレンツェを襲った黒死病を避けるため、郊外のとある丘の上の邸に避難した一〇人の男女が一〇日間に各人一話ずつ物語を披露するという筋立てになっている。合計一〇〇話が語られるが、そこでは人間の赤裸々な欲望が問題視される。それ以外の作品はすべて詩集である。『大ペスト詩集』は黒死病の原因と影響を分析してみせるし、『国王の裁判』は流行後の状況を明らかにする。

近世では、イギリスのダニエル・デフォーの『ペスト』(一七二二年)、フランスのロンサールの『続当代の惨禍を論ず』(一五六二年)、アグリッパ・ドーヴィニェの『悲劇詩篇』(一六一六年)、ラ・フォンテーヌの『寓話』(一六六八年)がある。『ペスト』は一六六五年のロンドンにおけるペスト大流行を、最大限に史料を利用してノンフィクションの報告記のスタイルに仕上げた小説である。そのため、それが長いこと歴史の史料と信じられていた。「事実を描く天才」といわれたデフォーらしい作品である。『続当代の惨禍を論ず』はペスト流行による社会の荒廃を嘆き、『悲劇詩篇』は地獄の恐ろしさを説いている。『寓話』はペストという危機の場を借りて、人は日頃の行動に慎重であれと説くのである。

近代・現代では、十九世紀にイタリアのアレッサンドロ・マンゾーニの『婚約者』(一八二五〜二七年)、アメリカのエドガー・アラン・ポーの『ペスト王』(一八三四年)、二十世紀にイギリスのアーサー・コナン・ドイルの『ナイジェル卿』(一九〇六年)、フランスのアルベール・カミュの『ペスト』(一九四七年)、マルセル・パニョルの短編『ペスト患者』(一九七二年)、ベルナール・クラヴェルの『狼の季節』(一九七六年)、イギリスのジル・ペイトン・ウォルシュの『死の鐘はもうならない』(一九八三年)、オーストリアのロッテ・イングリシュの『ペスト記念柱』(一九八九年)、さらにイギリスのリンダ・ケンプトンの『ぼくがウィリアムと名づけたわけ』(一九九二年)、オーストラリア出身のジェラルディン・ブルックスの『灰色の季節をこえて』(二〇〇一年)、ケン・フォレットの『大聖堂――果てしなき世界』(二〇〇七年)がある。いずれも小説である。『婚約者』は十七世紀のイタリアを舞台に二人の男女の結婚をさまたげるペストなどの現象が興味深く描かれている。『ペスト王』は一六六五年のロンドンにおけるペスト大流行を描き、略奪に言及している。『ナイジェル卿』は一三四八年の黒死病に襲われた社会における不安と信頼を考察している。『ペスト』はアルジェリアのオランを舞台としている。そこで流行したペストのため、閉鎖状態に追い込まれた人びとがその状況のなかでどのように振る舞うかを示した。結局、人びとは団結して危機に立ち向かい、成功を収める。そこでは、集団的抵抗の必要性が強調されていた。それはある意味でお手軽ともいえるが、ファシズム(ナチズム)という不条理に遭遇し、第二次世界大戦という狂気を経験し、集団的な抵抗を試みて勝利を得たばかりのヨーロッパにとって、タイムリーな小説であった。そのため、『ペスト』はファシズムの隠喩であるとされ、理解されやすく、多くの支持を得た。彼は世界的な作家となり、一〇年後、一九五七年にはノーベル文学賞を受賞した。『ペスト患者』は一七二〇年のマルセイユのペスト大流行に言及した小説。『狼の季節』は三十年戦争下のフランシュ＝コンテを舞台に、主人公がペストによる死者の遺体処理に苦悩する様が描かれる。『死の鐘はもうならない』『ぼくがウィリアム……』『灰色の……』の三作は同じイングランドのダービーシァのイーム村を舞台にしている。一六六五年に生じたペストの際、他村への感染を恐れて村を閉鎖するという自己犠牲を払ったことで有名な村である。したがって、それら三作にはイーム村の内情が掘り下げられ、主人公たちがその村で死と向き合う筋立てである。『ペスト記念柱』は父の口述筆記係の女性が失踪することから始まるミステリー小説。ウィーンの有名なペスト柱の近くで生じる生と死の織り成すドラマで、ペストの隠喩を思わせる。『大聖堂』は一三四八年の黒死病期のイギリスを舞台にする。大修道院に属するある村で、前作『大聖堂』の二〇〇年後が描かれている。

加えて、二〇一二年には、フランスのパトリック・ドゥヴィルによるペスト菌の発見者アレクサンドル・イェルサンの評伝的小説『ペスト&コレラ』が刊行された。それは帰化フランス人にして医師、夢想家にして探検家、農業家にして天文学者という多面的な顔をしたイェルサンの遍歴と人物、さらにインドシナでの孤高の生活を掘り下げて明らかにし、高い評価を受けた。ペスト自体を対象にした作品ではないが、ペスト文学に貢献する重要な役割を担っている。

絵画

絵画も深くかかわった。しかし、それはすでに指摘したように、近世になってから描かれるに至ったのである。十五世紀においてさえ、絵は本の挿画に限られていた。それが近世になると、患者そのものを描いてペストや流行を表現するようになるのである。たとえば、ラファエッロの消失した『プリュギアのペスト』もそうではないかと推測されるが、ルーヴァンのサン＝ジャック教会に保管された一五七八年作の匿名の奉納画は写実的にペストの流行を描いている。それは患者を隔離施設に搬送することから、終油礼、棺、死体運搬人、共同墓地までをすべて描いている。十七～十八世紀になると、写実的なペスト絵画はますます増加する。イタリアでは、アントニオ・ツァンキに『一六三〇年のヴェネツィアのペスト』がある。それは遺体収容人足が橋の上に積み上げた遺体をゴンドラへ移している構図である。カルロ・コッポラには『一六五六年のナポリのペストの光景』、ミッコ・スパダーロには『一六五六年のナポリのメルカテッロ広場』がある。どちらも患者の様子や遺体を積み上げた様子から陰惨な感じを与える。フランスでは、ニコラ・プッサンに先のラファエッロの作品から想を得たと思われる『アシドドのペスト』(カバー参照)があり、ピエール・ミニャールに『エペイロスのペスト』がある。さらに注目すべきは一七二〇年のマルセイユのペスト大流行から着想を得た約一〇点の写実的な絵画と版画である。

自然主義的な絵画を生み出した代表に、ある街区長をし、ペストの危機管理の最前線にいたミシェル・セールがいる。彼は『一七二〇年のペストにおける市庁舎風景』『一七二〇年のペストにおける中庭風景』『マルセイユのペスト、ラ・トゥレット広場の逸話』という三点の油絵を描いた。イアサント・リゴーは

図13　『ヤッファのペスト患者を見舞うボナパルト』(グロ作)

流行に居合わせた人として『市庁舎前の死体処理』『一七二〇年のマルセイユにおける死体処理風景』など四点の版画を残した。ジャン＝フランソワ・ド・トロワはパリにいたが、『ラ・トゥレット広場の保健衛生官ローズ騎士』を描いた。フランソワ・アルノーは街区長であったが、修道院への奉納画を残した。セールの絵画は心を揺さぶるほどの誠意をもって描かれ、悲劇的状況を報告した。リゴーはセールと同じ苦悩、同じ地獄を表現した。ド・トロワの『ローズ騎士』、アルノーの奉納画は悲惨な状況のなかでも失われない勇気や希望を表現したものであった。

しかし、ペストを描いた絵画はこれだけに終わらなかった。その後も描かれ続けたのである。新古典主義のジャック＝ルイ・ダヴィッドがプッサンの影響を受けて『マルセイユのペスト』を描いたが、さらに重要なのはその弟子のアントワーヌ＝ジャン・グロのナポレオンの注文で制作された作品『ヤッファのペスト患者を見舞うボナパルト』である。ナポレオンがエジプト遠征中現イスラエルのヤッファで生じたペストに感染したフランス軍兵士を見舞ったことから着想を得たのであった。一八〇四年の展覧会に出品された宣伝作品で、ペストをものともしない「癒しの奇跡」をおこなう絶対者ナポレオンを称え、皇帝伝説の確立に貢献した。それに対し、スペインのゴヤも一八〇八〜一〇年頃『ペスト患者の施療院』を描いている。

それからほぼ一世紀後、一八九八年、スイスの象徴主義の画家アーノルド・ベックリンにより、ペストは擬人化されて表現された。『ペスト』はやせこけてなかば骸骨化したペストが大鎌を振りかざして、こうもりのような大鳥にまたがり、死体の散乱する通りを飛び越える絵柄である。かくして、ペストは人の命を奪う負のイメージとして不気味な印象を与えることになったのである。

演劇・映画・音楽

演劇もペストと深くかかわった。市町村自治体と聖職者は民衆のいだく不安、恐怖、絶望といった感情をなだめ、明日への希望を与えるため、聖史劇を積極的に上演したものだった。それは早くも十五世紀末には市民参加の演劇という形式でフランスでも、ベルギーでも、ドイツでも、スイスでも上演された。たとえば、フランス中部のボーヌにおける三〇人の市民が出演する聖セバスティアンの殉教劇などが典型であろう。ボーヌの市民は自腹を切って衣装をつくり、劇に参加した。ドイツでは、バイエルン地方のオーバーアマーガウで一六三四年からキリスト受難の聖史劇が催行された。しかし、やがて市民参加の聖史劇は信仰の衰退、関心の多様化などのために多くの国や地方ですたれ、たとえ残っても年に一度の祭典かオーバーアマーガウの聖史劇祭のように、一〇年ごとに上演される記念行事にすぎなくなった（最新の上演は第四一回で二〇一〇年であった）。それに代わって、本格的な演劇が登場するようになる。それは時折演劇界の話題をさらう。たとえば、一九八三年、デフォーの小説『ペスト』に着想を得て、ジャン＝ピエール・ヴァンサンによって演出され、アヴィニョン祭で上演された『ペストの最後の消息』にみることができる。

映画も歴史こそ浅いが深くかかわっている。映画ではペストが物語の下敷になっていたり、何かの象徴になっていたりした。もっとも初期の作品にはドイツのフリッツ・ラング作の『フィレンツェのペスト』（一九一八年）があるが、そのすぐあとにはフリードリヒ・ムルナウ作の『吸血鬼ノスフェラトゥ』（一九二二年）がルーマニアを舞台に、そのリメーク版のヴェルナー・ヘルツォーク作の『ノスフェラトゥ』がブレーメンを舞台に、大量死を描いてペストを暗示した。アメリカのエリア・カザン作の『暗黒の恐怖』（一九五〇年）はもっと現実的で殺害された密航者が肺ペストにかかっていたことが判明して物語が展開する。四八時間以内に犯人を逮捕しなければ、ペストが全米に広がる危険性があるとされた。犯人探しが始まり、二昼夜で解決、めでたしめでたしとなる。スウェーデンのイングマル・ベルイマン作の『第七の封印』（一九五七年）は中世の黒死病がスウェーデンに与えた衝撃を描いており、ドイツのペーター・フライシュマン作の『ハンブルクの病』（一九七九年）はペストの隔離策を免れた主人公の少女の逃避行を描いた。フランスのベトル・ヴァイクル作の『聖セバスティアンの殉教』は後述するオペラと同じダヌンツィオの神秘劇を下敷にした。ヴィンセント・ウォード作の合作映画『ウィザード』(一九八八年)はイングランドのカンブリア地方を舞台に、村を守るため少年が夢の指示に従って旅立つ話である。たどりついた所は一九八八年のニュージーランドであった。他方、フランス映画でルイス・プエンソ作の『ペスト』(一九九二年)はカミュの小説を下敷にしたが、南米の架空都市オランを舞台にしたサスペンス仕立てで、原作とは似ても似つかぬ駄作になった。そのあとには、ドイツのニキ・シュタイン作の『ザ・ペスト』(二〇〇一年)、イギリスのクリストファー・スミス作の『ブラック・デス』(二〇一〇年)がある。前者はパニック・サスペンス仕立てであり、後者は小説『大聖堂——果てしなき世界』の映画化で、一三四八年のイギリスのある村にいた若き修道士の苦闘の物語である。以上のような一連の映画の多くはなまなましい結果や影響を介して人の気持ちをかきたて、ペストの心象風景を十分いだかせるにたるものであった。

音楽については意外なほどに目立たない。視覚に訴える文化遺産は数多くあるが、聴覚を介した音楽的遺産はどれほどあるであろうか。

死やペストを音で表現すると、聞き手に不快感を与えるであろうか。死については、ハンガリーのリストの管弦楽曲『死の舞踏』(一八四九年)やフランスのサン＝サーンスの管弦楽曲『死の舞踏』(一八七四年)が有名である。リストはピーサの墓地の十四世紀の壁画『死の勝利』を見て感銘を受け作曲したが、反感をかうようなことはなかったと思われる。反対にサン＝サーンスの場合、不快感・嫌悪感を与えたため、初演で悪趣味として非難された。そこでは、骸骨が骨を鳴らして踊る不気味なカチャカチャという音を聴いて卒倒する人まであらわれたという。したがって、音楽では、ペストが不吉な記憶であるためか、視覚表象や文字テキストと異なって、知る限り多くない。たとえば、ロシアのセルゲイ・プロコフィエフのオペラ『ペスト流行期の酒宴』(一九〇三年)、フランスのクロード・ドビュッシーのオペラ『聖セバスティアンの殉教』(一九一一年)、スイス出身のロベール・ジェラールのカンタータ『ペスト』(一九六三年)などであろう。そのうち、『ペスト流行期の酒宴』はプーシキン原作の小説を下敷にした作曲者が十二歳のときのオペラで、カンタータ『ペスト』はカミュ原作の小説を下敷にしている。

ペストの記憶

忌まわしいペストの流行が終息し、死の恐怖から解放されたことに感謝して、人は三位一体(神と子と聖霊)、聖母マリア、守護聖人らに祈りを捧げ、感謝の気持ちをあらわして教会、礼拝堂、十字架、石碑、記念柱を建立した。それは流行終息の記念でもあった。

そのときどきの事情によって差異があるが、もっとも時間と経費のかかる寄進物は教会・礼拝堂など大型の建築物であった。たとえば、黒死病期についてはすでに指摘したが、その後もヴェネツィアのサン＝ジョーベ教会やサン＝セバスティアーノ教会のように一四六二年、一五〇六年と続いている。十七世紀以降になると、一段と目につく。重要な教会では、プラハのサン＝ロック教会が一六〇二年、ボンのゼバスティアン礼拝堂が二二年、ヴェネツィアのサンタ・マリア・デッラ・サルーテ教会が三二年、ミュンヘンのマリエンソール教会が三八年、ビンゲンの聖ロッフス礼拝堂が七七年、ウィーンのカール教会が一七三九年と続く。

それに比べれば小型だが、記念や感謝の十字架や碑も寄進された。たとえば、フランスのロレーヌ地方には二四の石の十字架が、ノルマンディー地方には一二の十字架が、ブルターニュ地方にも同数の十字架が残されていた。ヴォークリューズ地方には、一二のペスト石碑があった。なかには、バイエルン地方シェンベルクにある十字架のように、古い破損した十字架を取り替えて現代と絆を結び直したところもある。それは一六四八年から四九年までの流行と六三人の犠牲者を悼んで建立されたが、二〇〇九年の夏、地区の人びとの儀式のなかで更新されたのであった。

他方、それらとは別のペスト記念柱もペストからの解放に感謝して建立された記念碑である。それらは一六五〇年から一八五〇年にかけて神聖ローマ帝国内と地中海地方に建立された。なかでも一番有名なのがウィーンのグラーベン通りに一六七九年に建てられた木製の記念柱であった。それは一六九三年、柱の上に三位一体像を取り付けた大理石の柱に取り替えられ、今日に至っている。オーストリアには、ペスト記念柱はグラーツ、バーデン、リンツ、ハイリゲンクロイツの修道院中庭、アイゼンシュタット、ザンクト・ペルテン、ツヴェトル、レオーベン、シュタイアー……などにある。チェコにはそれはプルゼニュ（一六八一年）、プラハ（複数あるが一七一三年）、チェスキー・クルムロフ、テルチ、クトナー・ホラ、オロモウツ……などにある。ハンガリーにはブダペスト（一七一三年）、センテンドレ、ショプロン、ソンバトヘイ……などにある。スロヴァキアにはブラチスラヴァ（一七一六年）、バンスカー・シュティアヴニツァ、コシツェ、クレムニツァ……などに、スロヴェニアにはマリボル（一七四三年）、リュブリャナ、シュコフヤ・ロカ、ツェリエ……などにある。ドイツにはヴァラーシュタイン（一七二五年）、トリーア、ディンケルスビュール、ミュンヘン……などに、イタリアにはニトラ（一七五〇年）、ナポリ（三つあるが有名なのはインマコラータの尖塔で一七五〇年）……などに、マルタ島にはオルミにある。それらの総数は明らかにされていない。注目すべきは記念柱の頂点に三位一体像のほかに、しばしば聖母マリア像が取り付けられていたことにある。それはプルゼニュ、チェスキー・クルムロフ、テルチ、クトナー・ホラ、コシツェ、ツェリエ、ミュンヘンなどについていえる。三位一体像を据えるのと、聖母マリア像を据えるのとでは表象上どのような意味の違いがあるのか、レオーベンではマリア像が柱の途中に据えられているのは何を意味しているのか検討の余地が十分あろう。

いずれにしても、ペスト記念柱は今日もなお街の広場や通りに設置され、人びとにペストを想起させ、回想させる有効な方法であり続け、往時を偲ばせているのである。

以上、ペストがもたらしたおもな文化的遺産を通観したが、それ以外にも記念物の保存がなされ、人びとの記憶を確かなものにする努力がなされている。その記念物とは主として銘板とか壁といった痕跡からなっている。なかには、イングランドのハートフォードシァのアシュウェル村の聖マリア教会の北壁のように、昔の人がラテン語で「最初のペストは一三五〇引く一年に生じた」と書き込んだものさえ残っている。加えて、ペスト流行地の保存も試みられた。その典型はダービーシァのイーム村についていえる。そこは先に指摘したように、村を封鎖してペストを他村へ伝染させなかった自己犠牲によって有名で、当時の家、墓地、教会、その他の共同の場所がそっくり保存され、当時の雰囲気を伝えている。そのため、イーム村を観光すると、ペストの流行と悲惨さが現実的に感得され、ペストをめぐる記憶を呼びさまされることになる。その記憶とは心にとどめていた過去の経験や覚えた知識から構成される一定の心象風景とでもいうべきものである。

かくして、現代のヨーロッパ人には、文化的遺産を介してある一定の記憶が形成され、そのときどきの要因から影響を受けて絶えず変形しながら保持されているのである。

あとがき

それにしても本書を仕上げるのになんと時間のかかったことであろうか。思いたってからもうかれこれ十数年にもなる。ほかの仕事の合間に細々と読み進める作業を始め、今やっと漕ぎ着けたのであった。しかし、結局まとめえたのは英仏に地中海地方の若干の知識を付加しただけのペスト史になってしまった。ドイツ語圏、ロシア語圏の情報が不足している。わかっていたし、多少用意もしたが、時間的にも限界が迫ってきたため、断念を余儀なくされた。

読者のなかにはこれに飽き足らない向きもあろう。いずれもっと雄大にして正確なペスト史を世に送って正してくださることを期待するばかりである。

従来の、日本語によるヨーロッパのペスト史はかなり限定的な内容しか提供してこなかったように思われる。あるペスト史はかなり古い研究成果に依拠して古代と中世のみ扱ったし、別のそれは饒舌ながら視点が定まらず、叙述が漂流して多岐にわたる文化誌であった。そのため、欧米のペスト研究では常識化している基礎的な事実や知見が日本の読者へ十分伝えられてこなかったきらいがある。本書に多少なりとも存在意義があるとするなら、まさにその不足を埋め合わせることにあるのではないかと思う。

最後に、本書を仕上げるにあたってはじつに多くの内外の研究者の成果に負っている。本来ならば註でその出典をすべて明示するべきであるが、年代記、手記、日記などの文章を引用する場合と表・図版の作成の場合以外は、煩雑さと紙幅の制約から出典の明示を省略せざるをえなかった。それでも、成果をわかるかたちで反映させるため、できるだけ研究者名に言及したが、十分ではない。そのため、内外の成果は末尾の「主要参考文献」に一括して明示することで、お許しをいただきたい。お詫びと感謝を表明する次第である。また、山川出版社編集部には出版の要請をしてから成稿まで気長に待っていただいた。記して謝意を表したいと思う。

二〇一五年二月吉日

宮崎揚弘

宮崎揚弘　みやざき あきひろ〔本名：洋 ひろし〕
1940年東京生まれ。慶應義塾大学大学院文学研究科史学専攻博士課程修了
近世フランス史専攻
北海道教育大学，慶應義塾大学，帝京大学などで教育・研究にあたる
慶應義塾大学名誉教授
主要著書・訳書『フランスの法服貴族——18世紀トゥルーズの社会史』(同文舘出版 1994)，『災害都市，トゥルーズ——17世紀フランスの地方名望家政治』(岩波書店 2009)，アーサー・ヤング『フランス紀行——1787，1788&1789』(訳，法政大学出版局 1983)，モニク・リュスネ『ペストのフランス史』(共訳，同文舘出版 1998)，『スペイン・イタリア紀行』(訳，法政大学出版局 2012)など

ペストの歴史《れきし》

2015年5月20日　1版1刷　発行
2020年3月20日　1版2刷　発行

著　者　宮崎揚弘《みやざきあきひろ》

発行者　野澤伸平

発行所　株式会社　山川出版社

〒101-0047 東京都千代田区内神田1-13-13
電話　03(3293)8131(営業)　8134(編集)
http://www.yamakawa.co.jp
振替　00120-9-43993

印刷所　株式会社　太平印刷社

製本所　株式会社　ブロケード

装　幀　菊地信義

Printed in Japan ISBN978-4-634-64076-4

ペスト関連地図

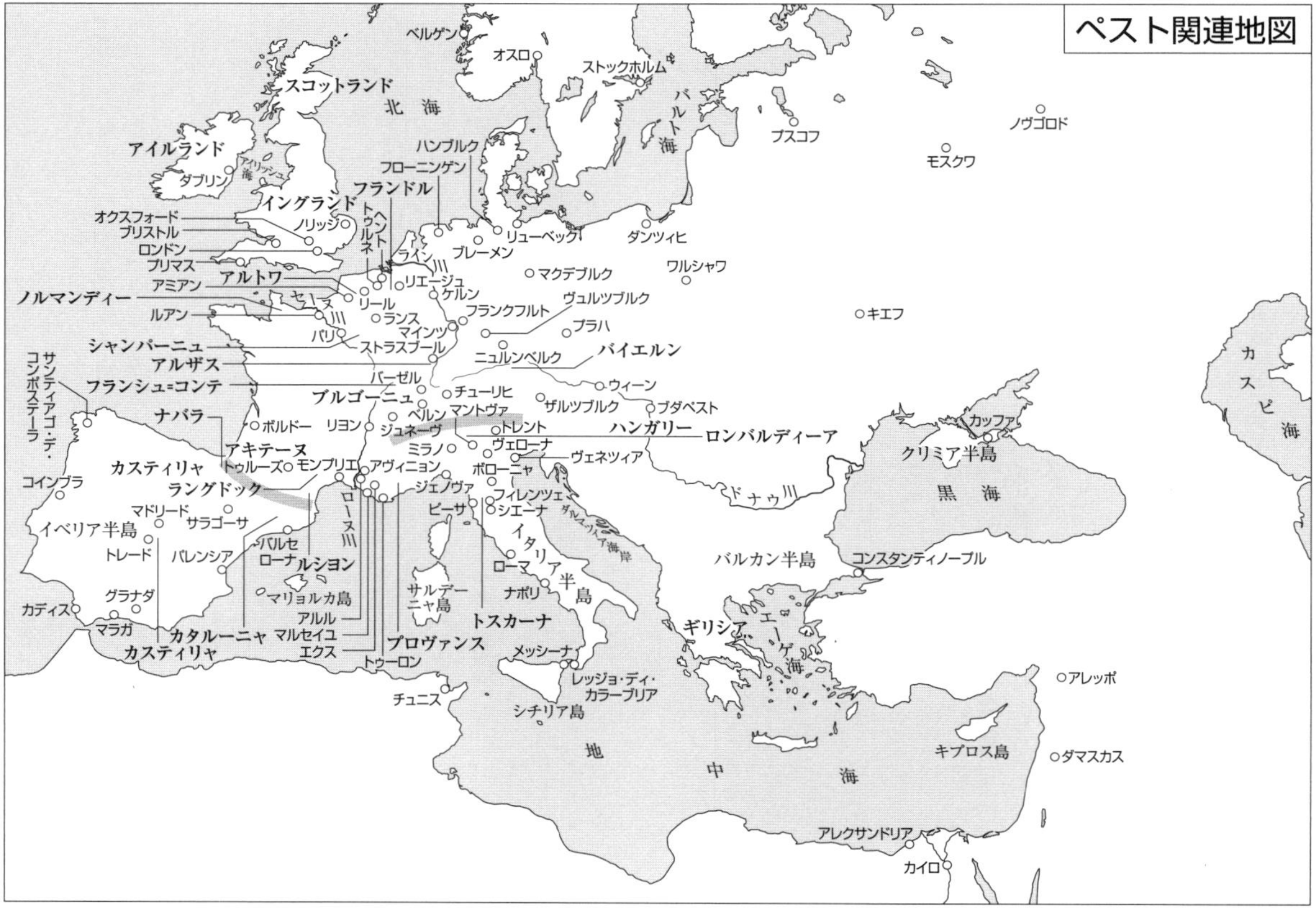

ベルゲン
オスロ
ストックホルム
バルト海
プスコフ
ノヴゴロド
モスクワ
スコットランド
北海
アイルランド
ダブリン
アイリッシュ海
イングランド
フランドル
ハンブルク
フローニンゲン
オクスフォード
ブリストル
ロンドン
プリマス
ノリッジ
トゥルネ
ヘント
リューベック
ダンツィヒ
ブレーメン
ライン川
ワルシャワ
アルトワ
アミアン
リエージュ
マクデブルク
ノルマンディー
セーヌ川
リール
ケルン
ヴュルツブルク
ルアン
ランス
フランクフルト
キエフ
パリ
マインツ
プラハ
シャンパーニュ
ストラスブール
ニュルンベルク
バイエルン
サンティアゴ・デ・コンポステーラ
アルザス
バーゼル
ウィーン
フランシュ=コンテ
ブルゴーニュ
チューリヒ
ブダペスト
ザルツブルク
カス
ピ海
ナバラ
ボルドー
リヨン
ベルン
マントヴァ
カッファ
ジュネーヴ
トレント
ハンガリー
ロンバルディーア
アキテーヌ
ミラノ
ヴェローナ
クリミア半島
カスティリャ
トゥルーズ
モンプリエ
アヴィニョン
ヴェネツィア
コインブラ
ラングドック
ボローニャ
ドナウ川
黒海
ジェノヴァ
フィレンツェ
マドリード
ピーサ
シエーナ
ダルマツィア海岸
サラゴーサ
ローヌ川
イベリア半島
バルセローナ
トレード
バレンシア
イタリア半島
バルカン半島
コンスタンティノープル
ルシヨン
ローマ
グラナダ
マリョルカ島
サルデーニャ島
ナポリ
カディス
アルル
マラガ
トスカーナ
ギリシア
エーゲ海
カタルーニャ
マルセイユ
プロヴァンス
エクス
カスティリャ
メッシーナ
トゥーロン
レッジョ・ディ・カラーブリア
アレッポ
チュニス
シチリア島
地中海
キプロス島
ダマスカス
アレクサンドリア
カイロ

索　　引

＊人名には生没年を付したが，研究者については省略した

ア行

アイルランド　20,57,58,108,133
アヴィニョン　46,47,82,91,99,101,132,184,189
アウグスブルク　60,78
アキテーヌ　49
アルザス　49,60,75,102,121,132
アルプス山脈　44,51,60,108,126
アルル　46,196
アレクサンドリア　13,14,35
アントウェルペン　103,119
イースト・アングリア　56
イェルサン，アレクサンドル(1863～1943)　4,203
イベリア半島　15,53,133,139
イングランド　20,48,54-57,62,63,65,69,96,104,106,107,114,118-120,122-124,127,132,133,162,165,194,195,203,208,211
ウィーン　59,68,78,87,90,108,190-193,195,203,209,210
ウェイマス　48,54,56
ヴェネツィア　20,29,31,34,35,38,43-45,58,69,79,97,98,118,126,127,131,132,138,190,209
ヴェローナ　44,88,129
ヴォルムス　77
ヴネット，ジャン・ド(1307頃～69)　49,50,74,86,113
ヴュルツブルク　61,109
エウアグリオス(536頃～600頃)　22
エクス　46,99,182,195
エルビンク　62
演劇　195,206,207
オクスフォード　104,107,169
オランダ　58,94,110,121,139,166
オルヴィエート　43,69

カ行

街区長　186,204,205
カイロ　35
隔離　39,98,102,127,146,169,170,190,191,193,195,198,204,207
カスティリャ　48,52,53,104
カタルーニャ　103,133,140,141,191,196
カタルーニャ反乱　139-141
カッファ　9,27,29-31,68,98
カピトゥール　123,145-148,151-154,158
カミュ，アルベール(1913～60)　202,208,209
カルパンティエ，エリザベス　43
ガレー船　31,32,34,37,39,46,98,183,186,196,197
ガロンヌ川　48,147,153
カンター，ノーマン・F.　115,119
キエフ　66,67
議会常設代表部　196
危機管理　18,129,145,147,152,158,163,166,168,171,177,196,197,200,204
飢饉　96,131,139-143,153,155,158,160,173,194,196
北里柴三郎(1852～1931)　4
北ドイツ　58,60-62,108-110
キプロス島　37,179
ギャスケイ，F.A.　25,61
教区簿冊　47,148,152,165
教区役人　165-167

局地的流行　14,26
空気(飛沫)感染　4,158
クリミア半島　9,27-29,68
グレゴリウス，トゥールの(538〜594)
20,86
グレッグ，チャールズ・T.　6,12
燻蒸　110,150,159,173,187,191,193
外科医　75,76,92,100,109,127,163,164,175,181,183,186,188
ケリー，ジョン　46,56,110
検疫所　181,182,193
検疫制度　127,193
健康通行証　128,132,145,190
検査員　163,164,171,191
原発地　8,9,14,27,145
コインブラ　54,191
公衆衛生　109,110,125,126,129,132,183,190,192,194
公衆衛生局　171
皇帝伝説　206
国王顧問会議　147,196
黒海　28,29,68
ゴットフリート，ロバート・S.　9,13,96,103,109-111
小麦価格　142,153,158
コンスタンティノープル　14,16-20,23,32,35,37,68,138

サ行

三十年戦争　139,203
サンティアゴ・デ・コンポステーラ
48,53
サンドライユ，マルセル　13,14,16
シエーナ　42,43,69,97,115,119
ジェノヴァ　9,20,29-32,34,35,38,39,46,133
市外教区　168,176
ジーグラー，フィリップ　56,64
市参事　47,103,123,145,171,182,184,185
市参事会　151
自然災害　23
シチリア島　15,19,32-34,68,84,97,133,198
『死の勝利』　115,116,208
『死の舞踏』〔音楽〕　208
『死の舞踏』〔絵画〕　115,116
死亡告知表　25,127-129,132,151,164,166,167,172,177,191
死亡率　6,17,96-101,103-111,158,188,189
宗教行列　41,47,183
集中激化　137,138
ジュネーヴ　51
シュメルツァー，ヒルデ　59
シュルーズベリ，J. F. D.　12,14
常在化　9,68,133,137
消毒　140,142,150,151,159,177,187,191,195
食糧管理　131
ショリアク，ギ・ド(1300頃〜67)
47,85,91,95,96
神聖ローマ帝国　39,50,139,144,210
神罰説　88,93
スイス　51,60,75,103,206,209
スコットランド　57,108
ストックフォルム　65
ストラスブール　76,77,82,102,119,132
聖史劇　206
清掃　109,125,127,153,171,187,190,195
聖年　47,116,117
接触感染　51
セーヌ川　49,102
占星術的原因説　88,90,91
腺ペスト　5,6,8-10,13,16,24,67,85,110,155,177,189,199

タ行

大気腐敗説　88,91
『大外科学』　85,95
タタール　29-31
ダブリン　57,133
ダマスカス　35,37
タルバガン　27,199
ダンツィヒ　62,66,136
中央アジア　9,27
東方植民　121
トゥルーズ　48, 99, 100, 103, 123, 124, 141, 144, 145, 147, 151-153, 158-160,190,191,193,194,196
トゥルネ　50,51
毒物投入説　88
都市条令　6,130,171,194
トスカーナ　34,38,40,97,133
ドナウ川　15,29,60,61,193
トリーア　210
トルニ　66
トレント　44,45,59,60,87,122,133

ナ行

内科医　127,150,163,182-184,188
ナポリ　23,45,93,138,211
ニュルンベルク　61,109,119
ノヴゴロド　66,67
ノルウェー　8,62-65,69,110,132
ノルマンディー　48, 49, 102, 132, 134,210

ハ行

バイエルン　60,108,109,206,210
敗血症性ペスト　5,6,49,189,199
廃村　120,121
肺ペスト　5, 6, 10, 56, 67, 85, 99, 110,155,199,200,207
迫害　70,73-75,77,78,80,82,93
パードヴァ　44,92,129
パリ　48-50, 68, 72, 86, 87, 89, 90, 92, 101, 102, 116, 122, 127, 132, 136,138,145,178,190,191,205
バルカン半島　9,19,34,37,138,192
バルセローナ　52,74,103,128,140-143,190,191,193,194,196
バルト海　65,66,111,139
バレンシア　52,103,140
ハンガリー　37,59,63,80,108,111, 121,132,208,210
ハンザ同盟　58,65,108,136
ハンブルク　62,108,119
ピアチェンツァ　27,30,132
ピアッツァ，ミケーレ・ダ(生没年不明)　32,84
ピーサ　34, 35, 38-40, 69, 91, 97, 130,208
微小な生物　93
ピープス，サミュエル(1633～1703)　87,164,175
百年戦争　123,139
ビラバン，ジャン＝ノエル　7,9,13, 20,34,46,60,62,65,68,103,110, 117,134,135,138,141,188
ピレネー山脈　99,101,149
フィレンツェ　34,40,42,68,71,85, 91,93,97,114,116,119,126,128-130,134,191,194,201
プスコフ　66,67,136
ブダペスト　210
プラハ　109,209,210
フランクフルト　60,63,77,82,109
フランシュ＝コンテ　49,203
フランドル　49,58,63,80,82,103, 119,121,127,132,145
ブリストル　54,56,58,106,107
ブリニョル　126,128
ブリュージュ　51,103
ブルゴーニュ　49,101,132,134,141
ブレーメン　62,108,207

プロヴァンス　49,74,99,121,132,182,184,185,188,189,191,196
プロコピオス，カイサリアの(5世紀末～565)　16-20
フロワサール，ジャン(1337頃～1410頃)　79,95,96
ペスト記念柱　210,211
『ペスト記念柱』　202,203
ペスト菌　4-11,20,26,57,66,68,72,94,111,133,181,200,203
ペスト塗り　93
ペスト病舎　142,147,168,172,195
ヘッカー，J. F. C.　9,25
ペトラルカ，フランチェスコ(1304～74)　46,47,88,89
ベネディクトヴ，オーレ・J.　8,9,26,27,34,37,47,50,53,54,56,58,60,62-67,96-98,100,103,104,106,107,109,110
ベル，ウォルター・ジョージ　87,166,172
ベルクドルト，クラウス　78
ベルゲン　63,64,110
ベルトラン，J. B.(1670～1752)　94,184,186
ヘント　51,103
ペンロウズ，エリザベス　25
防疫線　187,191-193,198
保健委員会　180-182
ポーランド　66,69,78,80,111,132,139
ボルドー　48,53,54,100,101
ボローニャ　61,93,98,191

マ行

埋葬　7,17,33,41,44,47,49,55,59,61,70,101,109,128,129,139,146,148,150,165,170,172,174,186,191
マインツ　77,109
マクニール，ウィリアム・H.　9,13,16
マドリード　52
マルキオンネ・ディ・コッポ・ステーファニ(1336～85)　40,42,119
マルセイユ　20,22,23,46,47,50-52,94,99,103,127,139,178-188,191,193,194,196,197,203,204
マントヴァ　129,191
ミース，ミラード　114
ミラノ　39,93,98,126-129,138,190,191
鞭打ち苦行団　79,80,83
ムッシス，ガブリエーレ・デ(？～1356頃)　27,30,31,38,88,116
メッシーナ　32-34,97,198
メメント・モリ　115
メルカム・リージス　48,54
モスクワ　67,191,198
モンプリエ　48,93,99,103,118,132,184

ヤ行

薬剤師　188,190
ユスティニアヌスの大疫　8,16
ユダヤ人　73-78,80,82,93
横根　5,23

ラ行

ライン川　58,60-62,75,77
ラグーザ　34,126,127,131
ラングドック　69,75,99,100,121,124,132,147,184,189
リール　49,82,145
リエージュ　51,90
リガ　66
リュスネ，モニク　9,46,48,50,72,92,116,128,141,198
リューベック　62,109,136

リヨン　47, 48, 51, 101, 127, 139, 141, 148, 190, 194
ルアン　48-50, 102
ルシヨン　49, 52
レッジョ・ディ・カラーブリア　34, 35, 45
ローマ　15, 20, 22, 23, 43, 47, 94, 116-118
(東西)ローマ帝国　9, 14, 15, 23
ローマ法　15
ロシア　9, 28, 66-69, 96, 111, 112, 133, 136, 139, 198, 209
ロンドン　55, 56, 60, 63, 68, 87, 107, 127, 129, 133, 136, 162-172, 174-177, 190, 191, 193, 194, 196, 201, 202
『ロンドン疫病規制法令集』　171, 194, 195
ロンバルディーア　34, 38, 44, 98, 133

ペスト関連年表

前11世紀頃	旧約聖書によるとパレスティナで悪疫流行，一部の研究者はそれを最古のペストとする
前３世紀末頃	オレイバシオスの『医学概論』によると，とくにリビア，エジプト，シリア等に伝染性リンパ節腫が流行。肺ペストと考えられ，一部の研究者はそれを最古のペストとする
紀元　541	ペストの第１次世界的流行(541～767)始まる。ユスティニアヌスの大疫
543	ペスト，コンスタンティノープルで大流行。その後，ペストはバルカン半島，イタリア，ガリア，スペイン，北アフリカ等に侵入
588	ペスト，ガリアを中心にスペイン，イタリアで流行(～591)
590	教皇ペラギウス２世，ペストで没
767	ペスト，ナポリと南イタリアへ侵入したのを最後に消滅
1345	この頃オルカーニャ『死の勝利』を制作
1346	ペストの第２次世界的流行(1340年代～1840年代)始まる
1347	黒死病，カッファにあらわれ，ジェノヴァ人感染する。続いてコンスタンティノープルで大流行。９月メッシーナへ，11月ジェノヴァとマルセイユへ，その間，ギリシア本土，エーゲ海の島々，バルカン半島の諸地方へ侵入
1348	さらに，１月ラグーザ，ヴェネツィア，ピーサで，３月フィレンツェ，５月シエーナ，８月ローマで流行。以下フランスでは，１月アヴィニョン，４月リヨン，８月パリへ，イベリア半島では，３月バルセローナ，５月バレンシア，６月アルヘシーラスとカディスへ，そこから内陸へ侵入
	黒死病，ブリテン諸島へ侵入，６月メルカム＝リージス，８月ブリストル，11月ロンドンで大流行(～1350)。さらにアイルランドに達し，８月ダブリンで流行
	スイスでは，ブレンナー峠を越えてオーストリアを縦断，６月ミュールドルフへ
	その間，イタリア，フランス，スペイン等の未感染地にも浸透
	ヴェネツィアで３月船舶の検疫制を採用
	ピストイアで５月疫病時の都市条令を可決
	ミラノで初めて防疫線を採用
1349	ドイツで１月，フライブルクを皮切りにユダヤ人虐殺事件発生(～1351)
	ストラスブール市民，２月ユダヤ人約900人を焼殺
	黒死病，オーストリア，ドイツ，フランドルへ拡大，１月ウィーン，３月南ドイツ，ベーメン，ドイツ中央部，シュヴァルツヴァルト，

	ライン地方および，5月バーゼル，7月トゥルネ，イープルで発生。スペイン北西部では，ボルドーから船で運ばれ，6月サンティアゴ・デ・コンポステーラへ，さらに船で南下し，9月コインブラへ。バルト海側では，エルビンク，ケーニヒスベルク等で8月から黒死病が北ドイツより早く確認された。スカンディナヴィア諸国では，4月オスロ，6月ベルゲンへ，秋ストックホルムで発生，デンマークでは，この年初頭コペンハーゲンで発生
	鞭打ち苦行団の運動始まる(～1350)
	この頃ボッカッチョ『デカメロン』発表(～1351)
	フランスとイングランドで賃金のアップを制限したり，凍結の動き
1350	教皇，この年を聖年とする
	3月，カスティリャ国王アルフォンソ11世，黒死病で没
	北ドイツでは，最初の数カ月に北西部へ侵攻，5月ブレーメン，ハンブルク，リューベック，ハノーファーへ達する。ドイツ騎士団領では，夏にダンツィヒ，トルニ等で確認されたが，ポーランド，リトアニアでは不明
1351	黒死病，ドイツ騎士団領を北東部へ侵攻
	フランスで都市の職人の賃金を33%アップする新法を制定
1352	黒死病，ロシアで4月プスコフ，8月ノヴゴロド，その他中央部一帯で流行(～1353)
	モスクワ大公セミョン・ゴルドゥイ，黒死病で没
1360	黒死病の大流行以後生じた最初の大流行(～1363)。ヨーロッパ北部に発し，フランス，イタリア，イングランドへ南下し，以下次第に衰退しながらも流行を繰り返す。特色はペスト菌の常在化，流行規模の縮小，同一都市における発生の反復
15世紀初頭	この頃ラグーザで穀物貯蔵用穴蔵掘られ始める
1408	マルセイユで検疫制を採用
1450	この頃イタリアで健康通行証を使用し始める
1477	コインブラで防疫線を設定
15世紀末	この頃ドイツ，スイス，フランス，フランドル等で市民参加の聖史劇始まる
1532	ロンドンでも週間死亡告知表の作成始まる
1538	イングランドで教区簿冊の作成始まる
1546	フラカストーロ『伝染および伝染病と治療について』刊行される
1578	『疫病規制法令集』刊行される
1583	『ロンドン疫病規制法令集』刊行される
1628	トゥルーズでペスト大流行(～1632)
1651	バルセローナでペスト大流行，飢饉と戦争も加わり深刻に(～1654)
1657	イタリアでペスト終息
1665	ロンドンでペスト大流行(～1666)
1670	ベネルクス諸国でペスト終息

1682	イベリア半島でペスト終息
1693	ウィーンで大理石のペスト記念柱建立される
1710年代	ドイツ，オランダでペスト終息
1720	マルセイユでペスト大流行(～1722)
1721	プロヴァンスで防疫線の建設に着手
1722	デフォー『ペスト』発表
1728	オーストリア，約1900キロの長大な防疫線の設置を公布
1742	メッシーナでペスト流行(～1744)
1770	モスクワでペスト流行(～1772)
18世紀末	ポーランドとロシアでペストの流行終息
1804	グロ『ヤッファのペスト患者を見舞うボナパルト』制作
1825	マンゾーニ『婚約者』(～1827)発表
1834	ポー『ペスト王』発表
1849	リスト『死の舞踏』作曲
1860	ペストの第３次世界的流行(1860年代～1950年代)始まる。原発地は中国の雲南省
1871	オーストリア，防疫線を廃止
1874	サン＝サーンス『死の舞踏』作曲
1894	香港でペスト流行。フランスのイェルサン，ペスト菌を発見
1898	ボンベイでペスト大流行。同地でフランスのシモン，ペストの媒介動物がノミであることを発見 ベックリン『ペスト』でペストを擬人化して表現
1899	ペスト，日本(神戸)へ初めて上陸
1900	ペスト，サンフランシスコへ上陸，アメリカで常在化始まる
1906	ドイル『ナイジェル卿』発表
1911	ドビュッシー，オペラ『聖セバスティアンの殉教』発表
1933	マダガスカル島で肺ペスト大流行
1947	カミュ『ペスト』発表
1950	カザン『暗黒の恐怖』制作
1957	ベルイマン『第七の封印』制作
1984	WHO によると，1984～92年に世界中でペストは１万1030件生じて，1201人が死亡
1994	インドのグジャラート州でペスト発生，死者54人
2007	フォレット『大聖堂』発表
2010	スミス『ブラック・デス』制作 中国の甘粛省でペストによる死者
2012	ドゥヴィル『ペスト＆コレラ』発表，フェミナ賞受賞
2013	マダガスカル島で６カ月間に，ペストの感染者319人，死者75人(～2014)

主要参考文献

Abel, W., *Agrarkrisen und Agrarkonjunktur*, Berlin, 1966.〔W・アーベル（寺尾誠訳）『農業恐慌と景気循環』未來社，1972〕

Amelang, J. S.（trans. and ed.）*A Journal of the Plague Year, The Diary of the Barcelona Tanner Miquel Parets 1651*, New York/Oxford, 1991.

Baratier, E., *Hisitoire de Marseille*, Toulouse, 1973.

Bardet, J.-P. et J. Dupâquier, *Histoire des populations de l'europe*, t. I, *Des origines aux prémices de la révolution démographique*, Paris, 1997.

Beer, E. S. de（ed.）, *The Diary of John Evelyn*, London, 1959.

Bell, W. G., *The Great Plague in London in 1665*, London, 1924（First AMS edition in 1979）.

Benedictow, O. J., *The Black Death 1346–1353, The Complete History*, Woodbridge, 2004.

Bergdolt, K., *Der Schwarze Tod in Europa*, München, 1994.〔クラウス・ベルクドルト（宮原啓子・渡邊芳子訳）『ヨーロッパの黒死病――大ペストと中世ヨーロッパの終焉』国文社，1997〕

Bertrand, J. B., *A Historical Relation of the Plague at Marseilles in the Year 1720*, trans. A. Plumptre, London, 1805, reed., 1973.

Biraben, J.-N., *Les hommes et la peste en France et dans les pays européens et méditerranéens*, 2 vols., Paris, 1975.

Byrne, J. P., *Encyclopedia of the Black Death*, Santa Barbara & others, 2012.

――, *Encyclopedia of Pestilence, Pandemics, and Plagues*, 2 vols., Westport/London, 2008.

Camus, A., *La peste*, Paris, 1947.〔カミュ（宮崎嶺雄訳）『ペスト』新潮社，1969〕

Cantor, N. F., *In the Wake of the Plague, The Black Death & the World it Made*, 2001.〔ノーマン・F・カンター（久保儀明・楢崎靖人訳）『黒死病――疫病の社会史』青土社，2002〕

Cárcel, R. G., *Historia de Cataluña Siglos XVI–XVII*, Vol. 1. 2, *La trayec-*

toria histórica, Barcelona, 1985.

Carpentier, E., 'Autour de la peste noire: Famines et épidémies dans l'histoire de XIVe siècle', in *Annales E. S. C.*, 1962, No. 6, pp. 1062-92.〔エリザベート・カルパンティエ（池上俊一訳）「黒死病をめぐって――14世紀の歴史における飢饉と疫病」責任編集 二宮宏之・樺山紘一・福井憲彦『医と病い』新版，藤原書店，2011，pp. 51-96〕

—, *Une ville devant la peste: Orvieto et la peste noire de 1348*, 2 éd. rev. Bruxelles, 1993.

Carrière, Ch., M. Courdurié and F. Rebuffat, *Marseille ville morte, la peste de 1720*, Marseille, 1968.

Caylux, O., *Arles et la peste de 1720-1721*, Aix-en-Province, 2009.

Cipolla, C. M., *Public Health and the Medical Profession in the Renaissance*, Cambridge, 1976.〔カルロ・M・チポラ（日野秀逸訳）『ペストと都市国家――ルネサンスの公衆衛生と医師』平凡社，1988〕

—, *Fighting the Plague in Seventeenth-Century Italy*, Wisconsin, 1981.

—, *Contro un nemico invisibile Epidemie e strutture sanitarie nell'Italia del Rinascimento*, Bologna, 1985.〔カルロ・M・チポッラ（柴野均訳）『シラミとトスカナ大公』白水社，1990〕

—, *Miasmas and Disease*, trans. E. Potter, New Haven/London, 1992.

Comellas, J. L., *Historia de Espagña moderna y contemporanea (1474-1975)*, Madrid, 1980.

Dachez, R., *Histoire de la Médecine de l'Antiquité au XXe siècle*, Paris, 2004.

Defoe, D., *A Journal of the Plague Year*, London, 1722.〔デフォー（平井正穂訳）『ペスト』中央公論社，1973〕

Delumeau, J., *La peur en Occident (XIVe-XVIIIe siècles) une cité assiégée*, Paris, 1978.〔ジャン・ドリュモー（永見文雄・西澤文昭訳）『恐怖心の歴史』新評論，1997〕

Deville, P., *Peste & Choléra*, Paris, 2012.〔パトリック・ドゥヴィル（辻由美訳）『ペスト&コレラ』みすず書房，2014〕

Dupâquier, J. (éd.), *Histoire de la population française*, 2 vols., Paris, 1988.

Emmanuelli, Fr.-X., *Vivre à Marseille sous l'Ancien Régime*, Paris, 1999.

Fabre, M. J., 'Toulouse pendant la peste de 1628-1632', in *Mémoires de*

l'Académie des Sciences Inscriptions et Belles-Lettres de Toulouse, Vol. 35, 1973, pp. 85–109.

Gasquet, F. A., *The Black Death of 1348 and 1349*, London, 1908, (First AMS edition in 1977).

Gottfried, R. S., *The Black Death Naturel and Human Disaster in Medieval Europe*, New York, 1983.

Gregg, Ch. T., *Plague! The Shocking Story of a Dread Disease in America Today*, New York, 1978.〔C・T・グレッグ（和気朗訳）『ペストは今も生きている！』講談社，1980〕

Hart, T., *Microterrors*, n.p., 2004.〔トニー・ハート（中込治訳）『恐怖の病原体図鑑』西村書店，2006〕

Hecker, J. F. C., *Schwarze Tod*, Berlin, 1832 (Barbington, B. G., trans. *The Epidemics of the Middle Ages*, London, 1844).

Hecketsweiler, Ph., *Histoire de la médecine*, Paris, 2010.

Herlihy, D., *The Black Death and the Transformation of the West*, Cambridge/Massachusetts/London, 1997.

Hibbert, Ch., *London, The Biography of a City*, London, 1969.〔クストファー・ヒバート（横山徳爾訳）『ロンドン　ある都市の伝記』朝日イブニングニュース社，1983〕

Hildesheimer, Fr., *Le bureau de la santé de Marseille sous l'ancien régime*, Marseille, 1980.

——, *Fléaux et société: de la Grande Peste au choléra XIVe–XIXe siècle*, Paris, 1993.

Hirst, L. F., *The Conquest of Plague, A Study of the Evolution of Epidemiology*, Oxford, 1953.

Horrox, R. (trans. and ed.), *The Black Death*, Manchester/New York, 1994.

Jetter, D., *Geschichte der Medizin*, Stuttgart, 1992.〔ディーター・ジェッター（山本俊一訳）『西洋医学史ハンドブック』朝倉書店，1996〕

Kelly, J., *The Great Mortality: An Intimate History of the Black Death, the Most Devastating Plague of All Time*, n. p., 2005.〔ジョン・ケリー（中野邦子訳）『黒死病——ペストの中世史』中央公論新社，2008〕

Krekić, B., *Dubrovnik in the 14th and 15th Centuries*, Oklahoma, 1972.〔B・クレキッチ（田中一生訳）『中世都市ドゥブロヴニク——アドリ

ア海の東西交易』彩流社，1990〕

Langeron, Ch. C. A. de（éd.）, *Relation succinte, touchant les accidens de la peste de Marseille, son prognostic & sa curation*, Paris, 1720.

Latham, R. C. and W. Matthews（eds.）, *The Diary of Samuel Pepys*, Vol. 5, 6, Berkeley/Los Angeles, 1971-72.〔サミュエル・ピープス（臼田昭訳）『サミュエル・ピープスの日記』国文社，1989・90，第5・6巻〕

Lucenet, M., *Les grandes pestes en France*, Paris, 1985.〔モニク・リュスネ（宮崎揚弘・工藤則光訳）『ペストのフランス史』同文舘出版，1998〕

Mcneill, W. H., *Plagues and Peoples*, Oxford, 1976.〔W・H・マクニール（佐々木昭夫訳）『疫病と世界史』新潮社，1985〕

Meiss, M., *Painting in Florence and Siena after the Black Death*, Princeton, 1957.〔ミラード・ミース（中森吉宗訳）『ペスト後のイタリア絵画――14世紀中頃のフィレンツェとシエナの芸術・宗教・社会』中央大学出版部，1978〕

Moote, A. L. and D. C. Moote, *The Great Plague, The Story of London's Most Deadly Year*, Baltimore/London, 2004.

Mouysset, H., *La peste en Gévaudan 1720-1722*, Sète, 2013.

Nohl, J., *The Black Death, A Chronicle of the Plague Compiled from Contemporary Sources*, trans. by C. H. Clarke, London, 1961.

Panzac, D., *Quarantaines et lazarets l'Europe et la peste d'Orient (XVIIe-XXe siècles)*, Aix-en-Provence, 1986.

Roucaud, J., *La peste à Toulouse*, Toulouse, 1919.

Ruffié, J. et J.-Ch. Sournia, *Les épidémie dans l'histoire de l'homme*, Paris, 1984.〔ジャック・リュフィエ／ジャン＝シャルル・スールニア（仲澤紀雄訳）『ペストからエイズまで――人間史における疫病』国文社，1988〕

Schmölzer, H., *Die Pest in Wien*, Wien, 1985.〔ヒルデ・シュメルツァー（進藤美智訳）『ウィーン　ペスト年代記』白水社，1997〕

Sendreil, M., *Histoire de la maladie*, Toulouse, 1980.〔マルセル・サンドライユ他（中川米造・村上陽一郎共監訳）『病の文化史』（上・下），リブロポート，1984〕

Shrewsbury, J. F. D., *A History of Bubonic Plague in the British Isles*,

Cambridge, 1971.
Slack, P., *The Impact of Plague in Tudor and Stuart England*, London, 1985.
Slicher van Bath, B. H., *De Agrarische Geschiedenis van West-Europa (500–1850)*, Utrecht, 1963.〔スリッヘル・ファン・バート（速水融訳）『西ヨーロッパ農業発達史』日本評論社，1969〕
Sournia, J.-Ch., *Histoire de la médecine*, Paris, 1992.
Taillefer, M., *Vivre à Toulouse sous l'Ancien Régime*, Paris, 2000.
Twigg, G., *The Black Death: A Biological Reappraisal*, London, 1984.
Vilar, P., *La catalogne dans L'espagne moderne*, t. I, *Le milieu géographique et historique*, Paris, 1962.
Vitaux, J., *Histoire de la peste*, Paris, 2010.
Wolff, Ph., 'Une famille, du XIIIe au XVIe siècle: Les Ysalguier de Toulouse', in *Annales d'histoire sociale*, 1942, pp. 35–58.
—, *Commerces et marchands de Toulouse*, (vers 1350–vers 1450), Paris, 1954.
— (dirigée), *Histoire de Toulouse*, Toulouse, 1974.
Ziegler, Ph., *The Black Death*, Stroud, 1991.
Zinsser, H., *Rats, Lice and History A Study in History*, New York, 1962.〔ハンス・ジンサー（橋本雅一訳）『ネズミ・シラミ・文明——伝染病の歴史的伝記』みすず書房，1984〕

邦語文献・論文

飯島渉『感染症の中国史——公衆衛生と東アジア』中央公論新社，2009
石坂尚武編訳「イタリアの黒死病関係史料集(1)」(『人文学』174号，2003)
石坂尚武編訳「イタリアの黒死病関係史料集(2)」(『人文学』176号，2004)
石坂尚武編訳「イタリアの黒死病関係史料集(3)」(『人文学』179号，2006)
石坂尚武編訳「イタリアの黒死病関係史料集(4)」(『人文学』180号，2007)
石坂尚武編訳「イタリアの黒死病関係史料集(5)」(『人文学』181号，2007)

石坂尚武編訳「イタリアの黒死病関係史料集(6)」(『人文学』182号, 2008)
石坂尚武編訳「イタリアの黒死病関係史料集(7)」(『人文学』184号, 2009)
石坂尚武編訳「イタリアの黒死病関係史料集(8)」(『人文学』186号, 2010)
石坂尚武編訳「イタリアの黒死病関係史料集(9)」(『人文学』187号, 2011)
石坂尚武「黒死病でどれだけの人が死んだか——現代の歴史人口学の研究から」(『人文学』189号, 2012)
石坂尚武　研究ノート「14世紀イタリアの時代状況とペスト」(『人文学』190号, 2012)
石田純郎「中欧のペスト塔について」(『日本医史学雑誌』46(3), 2000)
伊藤和行「ジロラモ・フラカストロの伝染理論」(『日本医史学雑誌』43(1), 2009)
亀長洋子「中世ジェノヴァ人の黒海——多元性のトポスとして」(高山博・池上俊一編『宮廷と広場』刀水書房, 2002)
川喜田愛郎『近代医学の史的基盤』(上・下) 岩波書店, 1977
北岸菜穂子「18世紀におけるマルセイユの防疫体制」(神戸大学・西洋経済史研究室編『ヨーロッパの展開における生活と経済』晃洋書房, 1984)
蔵持不三也『ペストの文化誌——ヨーロッパの民衆文化と疫病』朝日新聞社, 1995
近藤仁之「近世前期のスペイン人口に関する序考」(社会経済史学会編『経済史における人口』慶應通信, 1969)
酒田利夫「近世ロンドンにおける疫病の流行について」上・下 (『青山国際政経論集』36〜37号, 1996)
佐々木博光「黒死病とユダヤ人迫害——事件の前後関係をめぐって」(『大阪府立大学紀要　人文・社会科学』第52巻, 2004)
——「14世紀中葉のユダヤ人迫害——迫害の歴史がなぜくり返されたのかを考えるために」(『西洋史学』213号, 2004)
——「ペストの創作——ニュルンベルクのユダヤ人迫害, 1349年12月5日」(大阪府立大学人文学会編『人文学論集』第28集, 2010)
鈴木杜幾子『ナポレオン伝説の形成』筑摩書房, 1994

滝上正『ペスト残影』神奈川新聞社, 2002
立石博高「近世のバルセローナ——地中海と疫病」(歴史学研究会編, 地中海世界史 3『ネットワークのなかの地中海』青木書店, 1999)
田中祐理子『科学と表象——「病原菌」の歴史』名古屋大学出版会, 2013
戸谷浩「帝国の南辺が作られる——軍政国境地帯の性格の転換と近代」(篠原琢・中澤達哉編『ハプスブルク帝国政治文化史——継承される正統性』昭和堂, 2012)
宮崎揚弘『災害都市, トゥルーズ——17世紀フランスの地方名望家政治』岩波書店, 2009
宮崎理枝「近世イタリアの「ペスト塗り」——ボローニャとミラノの1630年の事例を中心に」(『西洋史学』208号, 2002)
村上陽一郎「中世と近代の谷間, 黒死病——ペスト史序説」(『動的世界像としての科学』新曜社, 1980)
外務省海外安全ホームページ
http://www.anzen.mofa.go.jp/info/pcinfectionspothazardinfo.asp?id=
アメリカ疾病管理予防センター・ホームページ (CDC home)
http://www.cdc.gov/plague/

註

第1章　中世初期のペスト

1　聖書新改訳　サムエル記Ⅰ，第5章，第6章，新日本聖書刊行会，1970，改訳3版：2003，473-474頁

2　Oreibasios, *Sunophis*, Venezia, 1554, livre 44, chap. 17, in J.-N. Biraben, *Les hommes et la peste en France et dans les pays européens et méditerranéens*, Paris, 1975, t. 1, p. 23.

3　Procopius, *History of the Wars,* Vol. 1, *The Persian War I*, Cambridge, 1961, p. 457.

4　*Ibid.*, p. 463.

5　*Ibid.,* p. 465.

6　*Ibid.*

7　*Ibid.,* pp. 467-469.

8　*Ibid.,* p. 469.

9　*Ibid.,* p. 471.

10　*Ibid.*

11　*Ibid.*

12　*Ibid.,* p. 455.

13　兼岩正夫・臺幸夫訳註『トゥールのグレゴリウス 歴史十巻(フランク史)Ⅱ』東海大学出版会，1977，343-345頁。*Gregorii Episcopi Turonensis Historianum Libri Decem,* Libri Ⅸ, Cap. 22.

14　Whitby, Michael (trans.), *The Ecclesiastical History of Evagrius Scholasticus,* Liverpool, 2000, pp. 229, 231-232.

第2章　黒死病の侵攻

15　ガブリエーレ・デ・ムッシス『疫病の歴史』(石坂尚武編訳「イタリアの黒死病関係史料集(3)」第13章所収，『人文学』179号，2006) 158頁。以下初出に限りわかる範囲で，原著，原書名を表示する。Gabriele de'Mussis, *Historia de Morbo*, ca. 1350.

16　前掲書，159-160頁

17　前掲書，161-162頁

18　ミケーレ・ダ・ピアッツァ『シチリア年代記』(石坂尚武編訳「イタリアの黒死病関係史料集(3)」第14章所収) 178頁。Michele da Piazza, *Cronaca.*

19　前掲書，179頁

20　前掲書，180-181頁

21　前掲書，186頁

22　前掲書，187頁

23　イブン・バットゥータ著，イブン・ジュザイイ編 (家島彦一訳註)『大旅行

記』7（東洋文庫704）平凡社，2002，146-147頁

24　ムッシス前掲書，165-166頁

25　ラニエーリ・サルド『ピサ年代記』（石坂尚武編訳「イタリアの黒死病関係史料集(2)」〈第８章　1348年の疫病について〉所収，『人文学』176号，2004）47頁。Ranieri Sardo, *Cronaca di Pisa.*

26　前掲書，49頁

27　マルキオンネ・ディ・コッポ・ステーファニ『フィレンツェ年代記』（石坂尚武編訳「イタリアの黒死病関係史料集(2)」〈第８章　1348年の疫病について〉所収）52頁。Marchionne di Coppo Stefani, *Cronica fiorentina.*

28　前掲書，53頁

29　前掲書，59頁

30　前掲書，55頁

31　ジョヴァンニ・ヴィッラーニ『フィレンツェ年代記』第12巻第85章（石坂尚武編訳「イタリアの黒死病関係史料集(1)」〈第４章　フィレンツェへの疫病の到来〉所収，『人文学』174号，2003）57頁。Giovanni Villani, *Cronica*, ca. 1348.

32　マルキオンネ前掲書，60頁

33　アーニョロ・ディ・トゥーラ『シエナ年代記』（石坂尚武編訳「イタリアの黒死病関係史料集(1)」〈第３章　1348年の疫病の記述〉所収）46-47頁。Agnolo di Tura il Grasso, *Cronaca Senese.*

34　*Historia de Novitatibus Paduae et Lombardiae ab anno MCCLVI usque ad MCCCLXIV*, in Horrox, Rosemary (trans.), *The Black Death*, Manchester, 1994, p. 34.

35　ジョヴァンニ・ダ・パルマ『年代記』（石坂尚武編訳「イタリアの黒死病関係史料集(3)」〈第15章　トレントを襲った四回の疫病について〉所収）194頁。*Cronaca inedita di Giovanni da Parma canonica di Trento.*

36　前掲書，198頁

37　アヴィニョン教皇庁勤務のカントルの書簡（石坂尚武編訳「イタリアの黒死病関係史料集(3)」〈第１章　アヴィニョンを襲った疫病〉所収）209頁。*Breve Chronicon Clerici Anonymi*; Horrox, *op. cit.*, p. 43.

38　前掲書，210頁。Horrox, *op. cit.*, p. 43.

39　Horrox, *op. cit.*, pp. 55-56. *Les Grandes Chroniques de France.*

40　*Ibid.*, p. 57.

41　*Ibid.*, p. 53. *Chroniques de Flandre.*

42　*Ibid.*, p. 63.

43　*Ibid.*, p. 65. *Robertus de Avesbury de Gestis Mirabibus Regis Edwardi Tertii.*

44　*Ibid.*, p. 84. *Chronica Gentis Scotorum.*

45　*Ibid.*, p. 82. *Annalium Hibernae Chronicon.*

46　*Ibid.*, p. 61. *Continuatio Novimontensis.*

47　*Chronicon Pragense*, ed. Loserth, in Gasquet, F. A., *The Black Death of*

1348 and 1349, London, 1908, pp. 37-38.

48 *Lawman's Annal*, in Benedictow, O. J., *The Black Death 1346-1353, The Complete History*, Woodbridge, 2004, p. 154.

49 *The Chronicle of Nikon*, in Benedictow, *op. cit.*, p. 214.

第3章　中世人の反応

50 モレッリ『回想録』(石坂尚武編訳「イタリアの黒死病関係史料集(1)」〈第1章　あるフィレンツェ商人の考える疫病対策と健康法〉所収) 40頁

51 ボッカッチョ (柏熊達生訳)『デカメロン』上 ちくま文庫, 1987, 22-23頁

52 ジャン・ド・ヴネット『フランス年代記』(石坂尚武編訳「イタリアの黒死病関係史料集(6)」第2章所収,『人文学』182号, 2008) 141頁。Horrox, *op. cit.*, p. 56.

53 「井戸に毒を入れたサヴォイアのユダヤ人の尋問調書――シュトラスブルク市宛のサヴォイア執行吏の報告書簡(1348年末)」(石坂尚武編訳「イタリアの黒死病関係史料集(3)」) 221頁

54 Froissart, Jean, *Chroniques, Livre I et II*, ed. P. F. Ainsworth et G. T. Diller, Paris, 2001, p. 678.

55 *Ibid.*

56 Horrox, *op. cit.*, p. 150. *Chronicon Henrici de Hervordia.*

第4章　黒死病の原因論

57 ミケーレ・ダ・ピアッツァ前掲書, 179頁

58 ボッカッチョ前掲書, 20頁

59 Lucenet, M., *Les grandes pestes en France*, Paris, 1985, p. 15；モニク・リュスネ (宮崎揚弘・工藤則光訳)『ペストのフランス史』同文舘出版, 1998, 11頁

60 *Ibid.*, p. 15；邦訳11頁

61 ヴネット前掲書, 138-139頁。Horrox, *op. cit.*, p. 55.

62 サミュエル・ピープス (臼田昭訳)『サミュエル・ピープスの日記』第5巻 (1664年), 国文社, 1989, 426頁。Latham, R. C. and W. Matthews (eds.), *The Diary of Samuel Pepys*, Vol. 5, Berkeley/Los Angeles, 1971, p. 348.

63 パルマ前掲書, 193頁

64 ムッシス前掲書, 156頁

65 ペトラルカ『老年書簡集』(石坂尚武編訳「イタリアの黒死病関係史料集(3)」〈第12章　「ジェノヴァ大司教宛書簡」(1367年)――我々の時代を襲う災難について〉所収) 149頁

66 Lucenet, *op. cit.*, p. 36；邦訳29頁

67 リーノ・コルッチョ・サルターティ『都市からの逃亡について』(石坂尚武編訳「イタリアの黒死病関係史料集(4)」〈第18章　フィレンツェ書記官長サルターティの疫病論〉所収,『人文学』180号, 2007) 163頁。*Epistolario di Coluccio Salutati*, ed. Francesco Novati, *Fonti per la storia d'Italia,* II.

68 Lucenet, *op. cit.*, p. 34；邦訳27頁

第5章　黒死病による人口減少

69 Froissart, *op. cit.*, p. 678.

第6章　黒死病の遺産

70 ヴネット前掲書，143頁。Horrox, *op. cit.*, p. 57.
71 ムッシス前掲書，174頁
72 マルキオンネ前掲書，60頁
73 パルマ前掲書，197頁
74 「ピストイアの疫病条例」（石坂尚武編訳「イタリアの黒死病関係史料集(2)」〈第7章　疫病時の衛生法〉所収）31頁
75 前掲条例，32頁
76 前掲条例，42頁
77 パルマ前掲書，198頁

第7章　近世ペストの特色

78 Amelang, James S. (trans. and ed.), *A Journal of the Plague Year the diary of the Barcelona tanner Miquel Parets 1651*, Oxford, 1991, p. 18.

第8章　トゥルーズの大流行

79 Saint-Nazaire, Gabriel de, 'Chroniques des Capucins de la province de Toulouse', in P. Apollinaire, La peste de Languedoc de 1627 à 1632, *Revue du Midi*, 1892, p. 407.
80 *Annales manuscrites de l'hôtel de la Ville de Toulouse*, Livre VI (1618–1633), p. 280.
81 *Ibid.*, p. 348.

第9章　ロンドンの大流行

82 ピープス前掲書第6巻(1665年)，268頁。*The Diary of Samuel Pepys*, Vol. 6, p. 207.
83 Beer, E. S. de (ed.), *The Diary of John Evelyn*, London, 1959, p. 479.
84 ピープス前掲書，388頁。*The Diary of Samuel Pepys*, Vol. 6, p. 305.

第10章　マルセイユの大流行

85 Bertrand, J. B., *A Historical Relation of the Plague at Marseilles in the Year 1720*, London, 1805, reed., 1973, p. 112.
86 *Ibid.*, pp. 127–128.

図版出典一覧

図1　Hirst, L. F., *The Conquest of Plague*, pp. 160–166, fl. 4.
図2　Bardet, J.-P. et J. Dupâquier, *Histoire des population de l'europe*, t. I, Paris, 1997, p. 148 より著者作成
図3　*Ibid.*, p. 240 より著者作成
図4　ユニフォトプレス提供
図5　Bardet et Dupâquier, *op. cit.*, p. 240.
図6　Lucenet, M., *Les grandes pestes en France*, Paris, 1985, p. 52.
図7　Bell, W. G., *The Great Plague in London in 1665*, London, 1924 (First AMS edition in 1979), p. 61.
図8　*Ibid.*, p. 105.
図9　*Ibid.*, p. 105.
図10　*Ibid.*, p. 21.
図11　Lucenet, *op. cit.*, p. 242.
図12　*Ibid.*, p. 261 より著者作成
図13　ユニフォトプレス提供